JN380240

요즘 어린이 관용어

글 강지혜 | **그림** 유영근

펴낸날 2023년 5월 26일 초판 1쇄, 2024년 7월 19일 초판 2쇄
펴낸이 이재성 | **기획·편집** 고성윤 | **디자인** 이원자 | **영업·마케팅** 조광현, 김미랑 | **제작** 김정식
펴낸곳 루크하우스 | **주소** 서울시 서초구 사임당로 50 해양빌딩 504호
전화 02)468-5057 | **팩스** 02)468-5051 | **출판등록** 2010년 12월 15일 제2020-203호
www.lukhouse.com   cafe.naver.com/lukhouse

© 강지혜, (주)루크하우스 2023
저작권자의 동의 없이 무단 복제 및 전재를 금합니다.

ISBN 979-11-5568-561-7 74700
ISBN 979-11-5568-515-0 (세트)

※ 잘못된 책은 구입처에서 바꾸어 드립니다.
※ 값은 뒤표지에 있습니다.

상상의집은 (주)루크하우스의 아동출판 브랜드입니다.

차례

등장인물 ···················· 6
인물 관계도 ·················· 7

프롤로그
여름 방학, 그 후 ·············· 8

01 금이 가다 ················ 12
02 마음을 풀다 ··············· 14
03 뜨거운 맛을 보다 ············ 16
04 빛을 보다 ················ 18
05 눈에 넣어도 아프지 않다 ······ 20
06 닭똥 같은 눈물 ············· 22
07 뒤통수를 맞다 ·············· 24
08 진이 빠지다 ··············· 26
09 감투를 쓰다 ··············· 28
10 깨가 쏟아지다 ·············· 30

11 찬물을 끼얹다 ·············· 32
12 시간 가는 줄 모르다 ········· 34
13 강 건너 불구경 ············· 36
14 불 보듯 뻔하다 ············· 38
15 얼굴이 두껍다 ·············· 40
16 척하면 삼천리 ·············· 42
17 손이 크다 ················· 44
18 눈 깜짝할 사이 ············· 46
19 얼굴에 씌어 있다 ··········· 48
20 불똥이 튀다 ··············· 50

관용어왕 Lv.1
유진이의 꿈 ················· 52

21 손가락 하나 까딱 않다 ······ 54

22	파김치가 되다 ············· 56
23	뜸을 들이다 ············· 58
24	봄눈 녹듯 ············· 60
25	파리를 날리다 ············· 62
26	허리가 휘다 ············· 64
27	어깨가 무겁다 ············· 66
28	날밤을 새우다 ············· 68
29	귀청이 떨어지다 ············· 70
30	좀이 쑤시다 ············· 72
31	엉덩이가 근질근질하다 ······ 72
32	간에 기별도 안 가다 ········ 74
33	콧등이 시큰하다 ············· 76
34	하늘이 노랗다 ············· 78
35	목에 힘을 주다 ············· 80

36	발을 끊다 ············· 82
37	눈앞이 캄캄하다 ············· 84
38	밑도 끝도 없이 ············· 86
39	꿈인지 생시인지 ············· 88
40	열을 내다 ············· 90

관용어왕 Lv.2
유튜브는 아무나 하나 ············· 92

41	눈에 밟히다 ············· 94
42	해가 서쪽에서 뜨다 ········· 96
43	귀가 얇다 ············· 98
44	속이 타다 ············· 100
45	국물도 없다 ············· 102
46	등을 떠밀다 ············· 104

47	간발의 차이	106
48	발바닥에 불이 나다	108
49	눈코 뜰 사이 없다	110
50	군침이 돌다	112
51	코가 납작해지다	114
52	눈독을 들이다	116
53	쥐도 새도 모르게	118
54	입에 달고 다니다	120
55	발목을 잡다	122
56	눈이 삐다	124
57	머리털이 곤두서다	126
58	미역국을 먹다	128
59	발 벗고 나서다	130
60	팔을 걷어붙이다	130

관용어왕 Lv.3
깨진 우정 붙이기 ·············· 132

61	골탕을 먹이다	134
62	코웃음을 치다	136
63	배가 등에 붙다	138
64	허리띠를 졸라매다	140
65	배꼽이 빠지다	142
66	본전도 못 찾다	144
67	달밤에 체조하다	146
68	오지랖이 넓다	148
69	손발이 맞다	150
70	숨 돌릴 사이도 없다	152
71	침이 마르다	154
72	손이 맵다	156
73	두말하면 잔소리	158
74	발길에 채다(차이다)	160
75	시치미를 떼다	162
76	손에 익다	164

- 77 자취를 감추다 ············ 166
- 78 가슴이 뜨끔하다 ·········· 168
- 79 꼬리에 꼬리를 물다 ········ 170
- 80 눈을 의심하다 ············ 172

관용어왕 Lv.4
길냥이 구조단, 초코를 구하라! ···· 174

- 81 색안경을 쓰다 ············ 176
- 82 비행기를 태우다 ·········· 178
- 83 물과 기름 ················ 180
- 84 다리 뻗고 자다 ············ 182
- 85 바가지를 쓰다 ············ 184
- 86 무릎을 치다 ·············· 186
- 87 뿌리를 뽑다 ·············· 188
- 88 날개가 돋치다 ············ 190
- 89 보는 눈이 있다 ············ 192

- 90 눈이 높다 ················ 192
- 91 발이 넓다 ················ 194
- 92 한 치 앞을 못 보다 ········ 196
- 93 다리를 놓다 ·············· 198
- 94 뜬구름을 잡다 ············ 200
- 95 이를 악물다 ·············· 202
- 96 직성이 풀리다 ············ 204
- 97 맥이 풀리다 ·············· 206
- 98 혀를 내두르다 ············ 208
- 99 한술 더 뜨다 ············· 210
- 100 변덕이 죽 끓듯 하다 ······ 212

관용어왕 Lv.5
거짓말처럼 우리는 ············ 214

등장인물

루아

빛나초등학교 4학년 1반의
분위기 메이커

목소리가 크고 말을 잘한다. 한때 말싸움 대장이었지만, 지금은 친구들과 두루 잘 어울린다. 특히 유진이, 예린이랑 친하다. 그런데 유진이와 예린이 사이가 심상치 않다. 절친들을 화해시키기 위한 루아의 고군분투가 시작된다.

유진

루아의 단짝 친구! 똑 부러지는 성격으로 책 읽기와 글쓰기를 좋아한다. 자신이 쓴 글을 읽어 주는 유튜브를 시작했는데, 반응이 꽤 좋다. 예린이한테는 말 못 할 섭섭함이 있다.

예린

루아의 또 다른 단짝 친구! 밝고 상냥한 성격으로 인기가 많다. 유진이를 따라 유튜브를 시작했지만 마음처럼 되지 않아 속상하다. 유튜브에 출연시켜 주지 않는 유진이한테 서운하다.

시후

루아의 남자 친구. 다정한 성격에 태권도를 아주 잘한다. 덕분에 팬클럽이 있을 만큼 인기가 많다.

민준

루아가 가장 친하게 지내는 남자 사람 친구. 눈치 없고 단순하다. 가끔 어른스러운 말을 해서 루아를 놀라게 한다. 자전거 타고 세계 여행이 꿈이다.

건오

루아네 반 2학기 회장. 전학 왔을 때만 해도 고사성어로 잘난 체를 해서 루아와 사이가 좋지 않았으나, 지금은 화해했다.

수빈

루아네 반 2학기 부회장. 루아와 사이가 나빴던 적도 있었지만, 지금은 고민을 나눌 만큼 절친한 사이가 됐다. 게으른 반 회장 때문에 고생 중이다.

인물 관계도

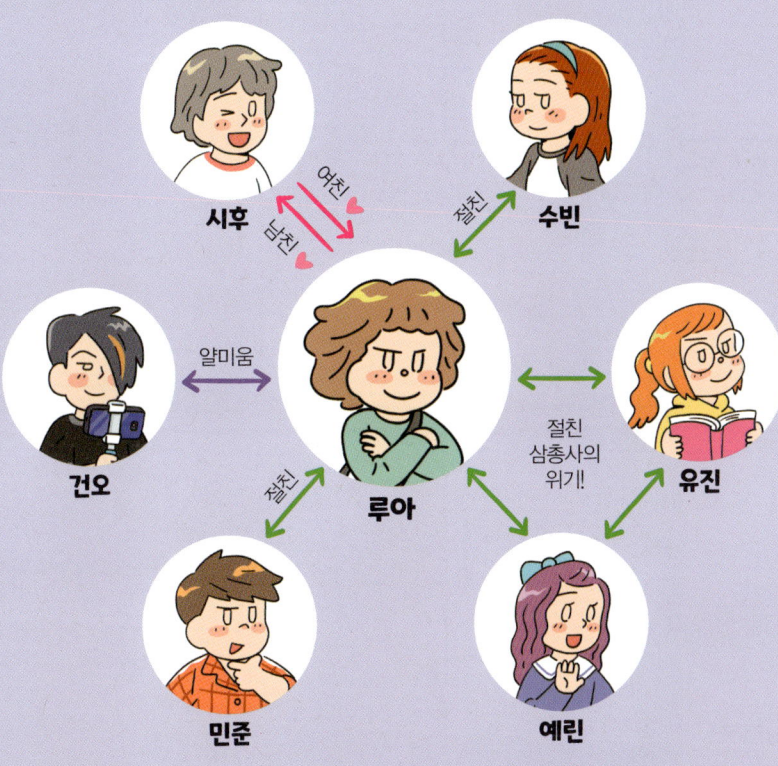

루아네 가족

프롤로그
여름 방학, 그 후

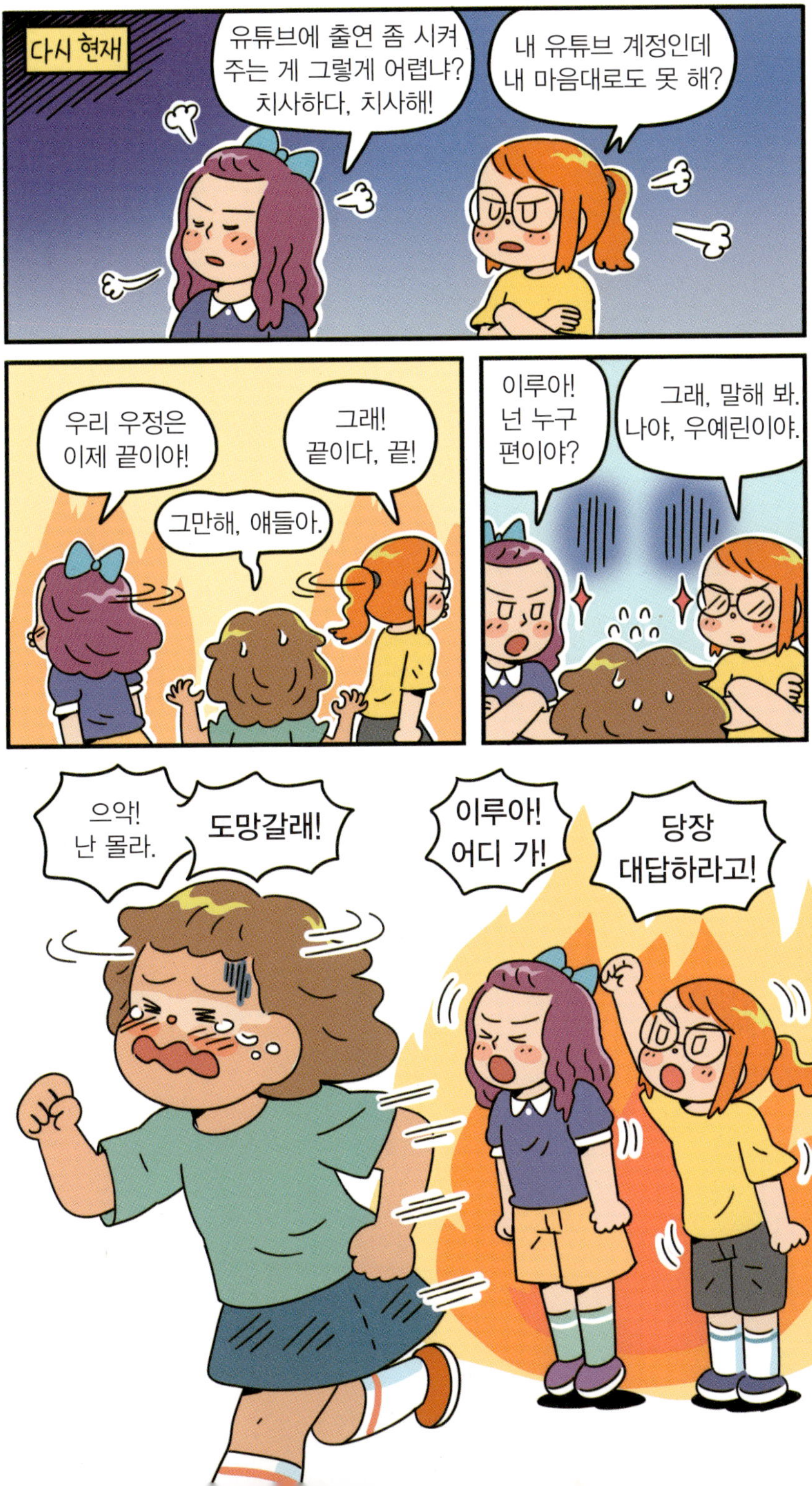

1 금이 가다

#삼총사의_위기 #우리가_이대로_끝이라고?

♨ 영원한 삼총사 ♨ 👤 3

예린 님이 대화방을 나갔습니다.

루아
뭐야! 우예린!
어디 갔어!

예린 님을 대화방에 초대했습니다.

예린
왜 자꾸 초대해!
나 진짜 화났다고!

루아
야, 그런다고 삼총사 방을 나가면 어떡해!

유진
그냥 둬.
이미 우리 사이는 **금이 갔어**.

예린
말 잘했다, 채유진!
우리 사이는 깨진 도자기처럼 다시 붙일 수 없어!

유진
그래. 이제 진짜 끝이야, 끝!

유진 님이 대화방을 나갔습니다.

루아
유진이 너까지!

너희 정말 이러기야?

쉿! 루아의 마음 일기

이렇게 우리 삼총사의 우정이 끝난다고? 믿을 수 없다. 비록 유진이와 예린이 사이는 금이 쫙쫙 가서 무너져 내렸지만, 내가 누구냐! 물에 빠져도 입만 동동 뜨는 잘난 입을 가지고 있는 이루아다! 삼총사 대화방이 폭파돼도 걱정 없다. 내일 학교에서 유진이와 예린이를 반드시 화해시키고 말 거니까!

똑똑 관용어

'금'은 갈라지지는 않고 터지기만 한 흔적을 말해요. 사람과 사람 사이에도 금이 갈 수 있어요. '금이 가다'는 사이가 벌어지거나 틀어진다는 뜻이에요.

- 친구와 싸워서 우정에 **금이 갔다**.
- 언니는 **금이 간** 자매 사이를 풀려고 노력했다.

2 마음을 풀다

#가끔_마음도_꼬인다 #꽈배기처럼_배배

시후 👤 2

루아
시후야!
유진이랑 예린이가 싸워서 머리 아파!

시후
너희 한 번도 안 싸웠잖아.
삼총사가 싸우다니 충격이다.

루아
내 말이!
정말 힘들다.
그냥 서로 이해하고 넘어가면 안 되나?

시후
무슨 일인지 잘은 모르지만 **마음 풀어**.

루아
나는 풀 것도 없어.
유진이랑 예린이 **마음이 풀려야지**.
지금은 둘 다 마음이 꽈배기처럼 배배 꼬였어.

시후
중간에서 네가 힘들겠다. 😢
한쪽 편을 들 수도 없고.

루아
응. 난 누구의 편도 들고 싶지 않아.
내가 꼭 화해시키고 말 거야!

쉿! 루아의 마음 일기

학교에서 유진이랑 예린이는 서로 말을 한 마디도 안 했다. 오늘은 화해할 줄 알았는데, 사이가 점점 더 멀어지는 것 같다. 나만 쉬는 시간에 유진이와 예린이 사이를 왔다 갔다 하느라 바빴다. 어쩌다 이렇게 된 거지. 괴롭다. 얘들아, 제발 사이좋게 지내자!

 똑똑 관용어

'마음을 풀다'는 긴장하였던 마음을 늦춘다는 뜻이에요. '마음이 풀리다'라고도 하지요. '마음이 풀리다'에는 엉켰던 감정을 푼다는 뜻도 포함돼 있어요.

📌 시험을 무사히 마치고 **마음을 풀었다.**
📌 친구의 사과를 받고 **마음이 풀렸다.**

3 뜨거운 맛을 보다

#앗_따가워! #모기와의_전쟁

♥ 우리 가족 ♥ 👤 4

루아
나 어제 모기 때문에 한숨도 못 잤어!

엄마

엄마도. 😅

안방에도 한 마리 있었나 봐.

아빠

이따 퇴근할 때 모기약 사 가지고 갈게.

모기들아, 뜨거운 맛을 보여 주마. 🔥

로운

제발 모기가 뜨거운 맛 보고 사라지길.

루아
어제 모기가 우리에게

뜨거운 맛을 보여 준 것 같은데?

아직도 모기 물린 데가 가려워. 😂

엄마

엄마가 약 발라 줬는데도 그래?

루아
> 학교 와서 보니까
> 다리에도 세 방 더 물렸더라고.

 로운
> 나는 팔에 두 방, 발바닥에 한 방!

 아빠
> 우리 로운이, 발바닥이면 엄청 가렵겠다.

루아의 마음 일기

어디서 자꾸 모기가 들어오는 걸까. 밤에 귓가에서 앵앵대는 것도 시끄럽고 싫지만, 모기에 물리는 건 더 괴롭다. 너무 가렵기 때문이다. 잠을 못 자서 학교에서도 계속 하품을 했다. 민준이도 나처럼 모기 때문에 밤을 새웠다고 했다. 요즘 우리 동네 모기들이 아주 활발하게 활동하나 보다.

똑똑 관용어

뜨거운 음식을 먹으면 깜짝 놀라 정신이 번쩍 들지요? '뜨거운 맛을 보다'는 이처럼 호된 고통이나 어려움을 겪은 뒤 정신을 번쩍 차린다는 뜻이에요.

- 내가 얼마나 강한지 **뜨거운 맛을 보여** 주겠어!
- 중학생 형들과 축구를 했다가 **뜨거운 맛을 보았어**.

4 빛을 보다

#유튜브_스타_탄생   #요즘_어린이_채작가

★ 4-1 친구들 ★   👤 11

루아
다들 유진이 유튜브 봤어?

미주
당연하지! 나 구독도 했어!

민준
나도 이미 구독, 좋아요까지 완료했지!

유진
고마워, 얘들아! 😍

루아
유진이가 쓴 동시 정말 좋더라.

준수
유진이 글 잘 쓰는 건 알았는데,
생각보다 더 잘 써서 놀람!

루아
채작가가 이제야 빛을 보네!

수빈
맞아. 유진이 정도면 작가 맞지. 어린이 작가!

도현
나도 유진이 유튜브 계정 알려 줘!

유진
유튜브 검색창에서 '채작가'라고 검색해 줘.

도현
응! 지금 검색한다!

루아
와, 유진이 인기. 👍

쉿! 루아의 마음 일기

유진이 유튜브 재미있다. 유진이는 동영상 편집도 스스로 한다고 했다. 정말 대단하다. 반 아이들도 유진이처럼 유튜브를 하겠다고 난리가 났다. 요즘 어린이들 사이에서는 유튜브 열풍이 불고 있다. 흠, 나도 한번 해 볼까? 말싸움 대장, 맞춤법 천재, 속담과 고사성어 마스터 이루아! 유튜브 소재가 너무 많다.

똑똑 관용어

'빛'에는 여러 의미가 있어요. 희망이나 영광의 뜻으로 쓰이기도 하지요. '빛을 보다'는 오랫동안 노력한 일의 업적이나 보람이 드러났을 때 쓰는 관용어예요.

▶ 무엇이든 꾸준히 하면 언젠가 빛을 보게 되어 있다.
▶ 무명의 선수가 올림픽에서 메달을 따며 마침내 빛을 보았다.

5 눈에 넣어도 아프지 않다

#파란_바다가_반짝반짝 #할머니의_해외_여행

외할머니 👤 2

 외할머니

할머니 태국 왔어. 😎

루아
부럽다!
할머니, 나 안 보고 싶어?

 외할머니
항상 보고 싶지.
눈에 넣어도 아프지 않은 내 손주.

루아
헉, 할머니 눈에 나를 넣는다고? 😨

 외할머니
그만큼 할머니가 루아를 사랑한다는 뜻이야.

루아

그럼 나도!

나도 할머니를 내 눈에 넣어도 안 아파!

외할머니

그래, 그래.

루아

할머니, 여행 잘 다녀와. ♥

쉿! 루아의 마음 일기

할머니가 태국으로 여행을 가셨다. 그런데 그 사실을 깜빡하고 할머니에게 톡을 보냈다. 하루 종일 답장이 없어서 섭섭했는데, 다음 날 할머니가 파란 바다 앞에서 찍은 사진을 보내 주셨다. 반짝반짝 빛나는 파란 바다와 행복하게 웃고 있는 할머니를 보니 기분이 좋아졌다.

 똑똑 관용어

눈에 작은 먼지 한 톨만 들어가도 따끔하고 불편해요. 그토록 예민한 눈에 넣어도 아프지 않다는 것은 그만큼 상대방을 귀엽게 여기며 사랑한다는 뜻이지요.

▌ 우리 집 고양이는 매우 귀여워서 눈에 넣어도 아프지 않다.

▌ 부모님은 눈에 넣어도 아프지 않을 정도로 나를 사랑하신다.

6 닭똥 같은 눈물

#예린이의_눈물 #유진이냐_예린이냐

민준 2

민준: 어제 체육 시간 끝나고 예린이 울더라.

루아: 진짜? 난 몰랐어!

민준: **닭똥 같은 눈물**을 뚝뚝 흘리더라고.

루아: 닭똥? 😨

민준: 피구 할 때 네가 유진이랑 같은 편 하니까 섭섭했나 봐.

루아: 그건 가위바위보로 나눈 거잖아!

민준: 걔네 아직도 화해 안 했지?

루아: 그 일만 생각하면 나 정말 머리 아파.

민준: 생각보다 싸움이 오래가네.

> 루아
> 나보고 자기들 중 하나를 고르래.
> 누구 편 할 거냐고.

 민준
> 어렵다.
> 치킨이냐, 피자냐.

> 루아
> 야! 친구가 치킨이랑 피자냐? 😠

쉿! 루아의 마음 일기

　민준이한테서 예린이가 울었다는 이야기를 듣고 마음이 좋지 않았다. 예린이는 원래 잘 운다. 하지만 나 때문에 운 적은 없었다. 예린이한테 톡을 보내 봤는데 답장이 없다. 갑자기 심장이 툭 내려앉았다. 설마 나를 차단한 건 아니겠지?

똑똑 관용어

'닭똥'을 본 적 있나요? 크기가 크진 않지만, 사람의 눈물방울과 비교하면 아주 큰 편이지요. 그래서 '닭똥 같은 눈물'은 방울이 매우 굵은 눈물을 비유적으로 표현하는 말이랍니다.

▪ 나는 신발을 잃어버리고 **닭똥 같은 눈물**을 흘리며 울었다.
▪ 동생은 키우던 열대어가 죽자 **닭똥 같은 눈물**을 흘렸다.

7 뒤통수를 맞다

#내가_알던_예린이_맞아? #나는_배신자가_아니야

예린 2

루아
예린아!
우예린!
설마 나 차단했어?
예린아 대답 좀 해 줘.
나 때문에 울었다며?

예린
그래, 울었다!
너한테 **뒤통수를 맞은** 기분이어서!

루아
무슨 소리야!
난 네 뒤통수 때린 적 없어!

예린
진짜 뒤통수를 말하는 게 아니야.
네가 피구 팀으로 나 말고 채유진을 선택했잖아!
그래서 배신감을 느꼈다고!

루아
> 오해야!
> 난 누구의 편도 아니야.
> 둘 다 소중해.

예린
> 이제 둘 다 네 친구가 될 순 없어.
> 나랑 채유진 중에 빨리 결정하는 게 좋을 거야.

루아의 마음 일기

예린이의 이런 차가운 모습은 처음이다. 나는 예린이를 달래느라 애를 먹었다. 나 때문에 싸운 것도 아닌데 답답했다. 너희 정말 나한테 왜 그래? 민준이에게 고민을 털어놓았는데, 하나도 도움이 안 됐다. 친한 친구들이 싸웠을 때 중간에서 어떻게 해야 하는지 누가 좀 가르쳐 줬으면 좋겠다.

똑똑 관용어

가만히 있다가 갑자기 뒤통수를 맞으면 놀라기도 하고, 화가 나기도 해요. '뒤통수를 맞다'는 믿고 있던 누군가에게 배신을 당해 놀랍고 화난다는 뜻이에요.

▪ 가장 친한 친구에게 **뒤통수를 맞았다**.
▪ 갑자기 시험을 본다고 해서 **뒤통수를 맞은** 기분이었다.

8 진이 빠지다

#병원에_간_봄이 #네가_아프면_나도_아파

이모 2

이모
어제 봄이 동물 병원 잘 다녀왔어?

루아
응. 너무 놀랐어.
봄이가 하루 종일 오줌을 못 누어서…….

이모
에구, 우리 봄이 많이 아팠구나.

루아
스트레스 때문인 것 같대.
잘 보살폈다고 생각했는데, 아닌가 봐.

이모
아니야. 루아 잘하고 있어.

루아
병원에 있는 동안 계속 긴장해서 그런가?
집에 오니까 기운이 하나도 없는 거야.
진이 빠져 버렸어.

이모
이제 너무 걱정하지 마.

봄이도 금방 나을 거야!

루아

응. 위로해 줘서 고마워, 이모.

쉿! 루아의 마음 일기

어제 봄이가 하루 종일 오줌을 싸지 않았다. 이상한 일이었다. 나랑 엄마는 잔뜩 심각해져서 봄이를 동물 병원에 데리고 갔다. 의사 선생님은 스트레스로 그럴 수 있다며 봄이를 치료해 주셨다. 봄이가 몸이 아플 정도로 스트레스를 받고 있었다니. 나는 정말 몰랐다. 힘든 걸 몰라 줘서 미안하다고 봄이한테 사과하고 싶다. 봄이가 얼른 나았으면 좋겠다.

 똑똑 관용어

'진'은 풀이나 나무껍질에서 나오는 끈끈한 물질을 말해요. 진이 다 빠져나가면 나무는 말라 죽게 되지요. '진이 빠지다'는 나무에 진이 다 빠진 상태처럼 힘을 다 써서 기진맥진해졌다는 뜻이에요. 실망하거나 싫증이 나서 의욕을 잃었을 때 쓰기도 해요.

- 언니가 어찌나 말이 많던지, 밤새 이야기를 듣느라 **진이 빠졌다.**
- 계속 달리기 연습을 했더니 **진이 빠져서** 더 이상은 못 하겠다.

9 감투를 쓰다

#2학기_회장_선거 #감투의_주인은_누구?

★ 4-1 친구들 ★ 👤 11

건오
앞으로 나를 4학년 1반 회장님이라고 불러라!
하하하!

수빈
쳇, 나랑 너랑 겨우 한 표 차이였거든?

루아
부회장은 박수빈! 축하해! 😘

민준
나는 수빈이 찍었음. 😉

유진
민준이 넌 건오랑 친해서 건오 뽑았을 줄 알았는데.

건오
감투를 쓰니까 좋네. 헤헤.

현호
감투가 뭐야?

재하
반 회장처럼 높은 자리에 올랐다는 뜻 같은데?

준수: 나도 수빈이 뽑았어. 👍

루아: 나도 박수빈!

유진: 도대체 송건오는 누가 뽑은 거지?

루아: 귀신이 뽑았나…….

쉿! 루아의 마음 일기

2학기가 되어 반의 새로운 회장과 부회장을 뽑는 선거가 열렸다. 나도 나가 볼까 고민했지만 귀찮아서 관두었다. 회장이 아니더라도 어차피 우리 반은 내 손바닥 안에 있으니까! 흐흐. 그런데 회장이 된 송건오를 보니 조금 부러웠다. 수빈이도 부회장이 되고. 안 되더라도 나가 볼 걸 그랬나…….

똑똑 관용어

옛날에는 나라를 다스리는 관직에 오르면 말총이나 가죽으로 된 모자를 머리에 썼어요. 이것을 감투라고 하는데, 벼슬이나 직위를 낮추어 이르는 말이기도 하지요. 그래서 벼슬이나 직위에 올랐을 때 '감투를 쓴다'라고 해요.

▶ 선비는 과거 시험에 합격하고 비로소 **감투를 쓰게** 되었다.
▶ **감투를 쓰면** 더 겸손하게 행동해야 한다.

10 깨가 쏟아지다

#엄마_아빠의_결혼기념일 #연상_연하_커플

♥ 우리 가족 ♥ 👤 4

엄마
오늘 엄마 아빠 결혼기념일이야.

로운
축하합니다! 👏👏

아빠
여보 사랑해요! ❤

루아
엄마 아빠 깨가 쏟아지네.

엄마
저녁에 다 같이 맛있는 거 먹으러 갈까?

아빠
좋아! 😍

루아
그런데 결혼할 때 엄마 아빠는 몇 살이었어?

아빠
엄마는 30살, 아빠는 29살.

루아
헉. 연상 연하 커플이네!

로운
몰랐어?

루아
그러고 보니 시후도 나보다 어려.
내가 생일이 더 빠르거든.
그리고 우리도 깨가 쏟아지는 커플이지. ♥

아빠
우리 딸이 엄마 아빠를 닮았구나.

 루아의 마음 일기

엄마 아빠의 결혼기념일이다. 14년 전, 엄마 아빠는 사랑해서 결혼을 했다. 그땐 오빠와 내가 태어나기 전이니까 엄마 아빠 단 둘뿐이었겠지? 나와 오빠가 없는 우리 가족은 상상이 안 간다. 엄마 아빠도 심심하지 않았을까?

 똑똑 관용어

'깨'는 고소한 맛이 나는 향신료예요. '깨가 쏟아지다'는 작고 고소한 깨처럼 매우 아기자기하고 재미난다는 뜻의 관용어지요.

▪ 나는 짝꿍과 깨가 쏟아지듯 다정하게 대화를 나누었다.
▪ 언니와 나는 한 침대에서 자는 날이면 깨가 쏟아지게 논다.

11 찬물을 끼얹다

#찬물이_와르르 #내가_모르는_사건?

유진 2

루아
유진아, 오늘 올라온 유튜브 잘 봤어!

 유진
벌써 본 거야?

부끄럽다.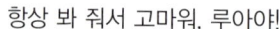

항상 봐 줘서 고마워, 루아야!

루아
당연히 봐야지! ♥♥

 유진
저번에는 예린이가 **찬물을 끼얹어서** 기분 별로였어.

루아
찬물……. 분위기가 싸해지긴 했지.

그런데 유튜브에 나오게 해 달라는

예린이 부탁은 왜 거절했어?

 유진
음, 그건 말하기 좀 그런데…….

루아
뭐데?

유진
나중에 말해 줄게.

루아
우리 사이에 비밀 만들기야?

유진
비밀은 아니고, 진짜 나중에 말해 줄게!

 루아의 마음 일기

유진이와 톡을 주고받다가 딱 알아차렸다. 유진이와 예린이 사이에 내가 모르는 사건이 있었구나! 나는 눈치 백 단이다. 분명 여름 방학 때 둘이 무슨 일이 있었다. 느낌이 온다. 뭐지? 뭘까? 궁금했지만, 유진이의 태도가 너무 단호해서 더 물어볼 수 없었다.

 똑똑 관용어

'찬물을 끼얹다'는 잘되어 가고 있는 일에 갑자기 뛰어들어 분위기를 흐리거나 공연히 트집을 잡는다는 뜻의 관용어예요.

▌ 신나게 게임을 하고 있는데 엄마가 나타나 **찬물을 끼얹었다.**

▌ 설레는 마음으로 치킨을 사러 갔지만, 닫힌 가게 문이 **찬물을 끼얹었다.**

12 시간 가는 줄 모르다

#오지_마_열_시 #시후렐라와_루아_왕자?

시후 👤 2

시후
헉. 벌써 열 시다.
이제 휴대폰 꺼야 돼.
엄마랑 약속했거든. 📱

루아
벌써?
너랑 얘기하느라 **시간 가는 줄 몰랐네.**

시후
나도 그래.

루아
우리 오빠는 게임하면 **시간 가는 줄 모른대.**

시후
좋아하는 일을 하면 시간이 빨리 가나 봐.

루아
신기하다!
시간은 늘 똑같이 흐르잖아.
좋아하는 일을 하면 왜 빨리 흐르는 것처럼 느껴질까?

시후
아쉽지만 내일 또 톡할게.

루아
응. 내일 학교 갈 때 톡해!
잘 자! ♥

 시후
루아 너도 잘 자!

쉿! 루아의 마음 일기

시후는 밤 열 시가 되면 휴대폰을 끈다. 마치 열두 시가 되면 집으로 돌아가야 하는 신데렐라 같다. 시후렐라라고 놀릴까? 히히. 열 시면 시후가 사라지니 나도 시후를 따라 휴대폰을 안 하게 된다. 오늘 밤 꿈에는 시후가 나왔으면 좋겠다.

똑똑 관용어

한 가지 일에 너무 집중하면 다른 것을 살필 여유가 없어요. '시간 가는 줄 모르다'는 어떤 일이 아주 바쁘게 진행되거나, 일에 몰두하느라 시간이 어떻게 흘렀는지 모르겠다는 의미예요.

▪ 수영장에만 가면 **시간 가는 줄 모르고** 놀게 돼.
▪ **시간 가는 줄 모르고** 만화책을 읽었어.

13 강 건너 불구경

#아빠의_스마트워치 #억울한_오빠

로운 2

로운
이루아 너 정말 실망임.

루아
오빠가 잘못해서 혼난 거잖아!

로운
너도 아빠 스마트워치 궁금했잖아.

루아
그게 무슨 상관이야.
오빠가 만지다가 고장 냈으면서!
난 잘못 안 했어!

로운
그래서 나 혼날 때 **강 건너 불구경**이었어?

루아
그래!
불이 난 건 오빠고, 난 아니니까.

로운
아, 진짜 어떡하지?

> 루아
> 어쩌냐, 이로운 큰일 났네.

> 로운
> 아빠 화 많이 난 것 같아.
> 망했어. 😭

> 루아
> 이따 아빠한테 한 번 더 말해 봐.
> 잘못했다고.

쉿! 루아의 마음 일기

오빠가 아빠의 스마트워치를 고장 내는 바람에 크게 혼이 났다. 사실 나도 오빠랑 같이 스마트워치를 구경하긴 했다. 이거 눌러 봐라, 저거 눌러 봐라, 오빠한테 말로 시키기만 하고 만지지는 않았다. 나도 같이 혼났어야 했나. 오빠한테 조금 미안했지만, 아닌 척했다.

 ### 똑똑 관용어

'강 건너 불구경'은 자신이 있는 곳이 아니라 강 건너에서 불이 났을 때의 무심한 태도를 말해요. 자신과는 관련 없는 일이라고 생각해서 무관심하게 쳐다보기만 하는 모양을 가리킬 때 쓰지요.

- 교실 창문이 깨졌는데도 아이들은 **강 건너 불구경**이었다.
- 친구가 넘어졌는데 **강 건너 불구경**으로 있으면 안 된다.

14 불 보듯 뻔하다

#예린이_동생_예지 #보라색_머리띠의_행방

예린 2

예린
너 어제 채유진이랑 같이 집 가더라?
나는 버린 거야?

루아
요즘 유진이랑 같이 영어 학원 다니잖아.
그런데 오늘 왜 점심 안 먹었어?

예린
아, 속상해서…….
머리띠 잃어버렸거든. 😭

루아
그 보라색 머리띠?
완전 예쁘던데.

예린
불 보듯 뻔해.
예지가 하고 나갔다 잃어버린 것 같아.

루아
예지라면 그럴 만하지.

예린
뭐만 없어졌다 하면 예지가 범인이야.

루아
다음 달에 네 생일이잖아. 내가 선물해 줄게.

 예린
고마워, 루아야 😭
그리고 내일은 나랑 집에 가는 거다?

루아
알겠다, 알겠어! 😫

쉿! 루아의 마음 일기

예린이에게는 사고뭉치 여동생 예지가 있다. 예지는 예린이의 물건을 탐내곤 하는데, 몰래 가져가 쓴 적도 여러 번이라고 했다. 나라도 예지 같은 동생이 있으면 화날 것 같다. 그래도 오랜만에 예린이와 훈훈한 대화를 나눠서 좋았다.

똑똑 관용어

앞으로 일어날 일이 의심할 여지 없이 아주 명백할 때 쓰는 말이에요. '불 보듯 뻔하다' 또는 '불 보듯 훤하다'라고 하지요.

▌ 아이스크림을 많이 먹으면 배탈 날 것 **불 보듯 뻔했다**.
▌ 한겨울 날씨에 어린 동생이 감기에 걸렸을 게 **불 보듯 훤했다**.

15 얼굴이 두껍다

#문어_다리_송건오 #사랑이_죄?

★ 4-1 친구들 ★ 👤 11

수빈
송건오! 너 미주한테 고백했어?

현호
송건오 3반 이수아한테도 사귀자고 했다던데?

예린
뭐야, 뭐야!

도현
송건오 문어 다리야.
여자애들한테 다 고백하고 다님.

루아
와, 얼굴이 두껍네! 😩

현호
맞아. 아주 뻔뻔해!

건오
뭐? 사랑하는 게 죄는 아니잖아.

유진
여기저기 고백하고 다니는 건 잘못이지.

예린
맞아! 맞아! 😡

건오
이미주, 그러면 거절인 거냐?

루아
야! 그걸 몰라서 물어?

루아의 마음 일기

지금까지 송건오의 고백을 받은 여자애들은 모두 다섯 명. 미주 말에 따르면 "너를 좋아해. 나랑 사귀자."라고 했단다. 똑같은 고백을 다섯 명에게 했다고? 대체 무슨 생각인 거지? 결국 문어 다리 사건은 송건오가 바람둥이라는 소문만 남기고 끝이 났다.

똑똑 관용어

'얼굴'에는 여러 가지 의미가 있어요. 주변 사람들에게 얻은 평판이나, 사회에서의 명예, 체면을 뜻하기도 하지요. '얼굴이 두껍다'라는 말은 잘못을 하고도 아무렇지 않은 듯 굴 때, 부끄러움을 모른다는 뜻으로 써요.

▍ 거짓말한 것을 들키고서도 당당하다니 얼굴이 두껍구나.

▍ 새치기를 하는 사람은 얼굴이 두꺼운 사람이야.

16 척하면 삼천리

#우리는_절친 #민준이가_척하면_나도_척!

민준 2

민준
오늘 학원 몇 시에 끝나?

루아
일곱 시?

민준
그러면 일곱 시 삼십 분에 공원에서 볼까?

루아
자전거 타고 올 거지?

민준
응! 당연하지. 🙂

루아
자전거 탄 다음에는 아이스크림도 먹을 거고?

민준
척하면 삼천리네.

루아
말 안 해도 다 알아.
그런데 무슨 일 있어?

민준

그냥 엄마 아빠 때문에 좀 우울해.

어떻게 알았어?

루아

갑자기 공원에서 보자고 하기에 눈치챘지.

이것도 **척하면 삼천리**!

이따 보자! 😉

 루아의 마음 일기

민준이네 부모님은 이혼하셨다. 민준이는 겉으로 아무렇지 않은 척하지만, 힘들어하는 모습을 보일 때가 있다. 만약 우리 부모님이 이혼을 하게 된다면…… 나도 많이 슬플 것 같다. 힘들고 우울할 때 우리가 하는 일이 있다. 바로 자전거 타고 아이스크림 먹기! 이럴 때 보면 나랑 민준이는 참 잘 맞는 것 같다.

 똑똑 관용어

'척하면'은 한마디만 하거나, 약간의 암시만 준다는 뜻이에요. '척하면 삼천리'는 그런 작은 암시만으로도 '삼천리'를 내다본다는 뜻으로, 상대편의 의도나 돌아가는 상황을 재빠르게 알아차릴 때 써요.

▪ 언니와 나는 말은 안 해도 **척하면 삼천리**다.
▪ 경기장에서 두 선수의 호흡은 **척하면 삼천리**였다.

17 손이 크다

#이모의_손바닥은_커 #나는_쿠키가_좋아!

이모 👤 2

이모
이모 쿠키 구웠어!
루아한테도 택배로 몇 개 보냈어.
내일 도착한대.

루아
헉, 이모! 😮
감사히 잘 먹겠습니다! 👍

이모
넉넉하게 보냈으니까, 친구들이랑 나눠 먹어.
이모가 **손이 크잖아.**

루아
맞아, 한 번 요리하면 진짜 많이 만들어.
그런데 나는 이모 **손 커서** 좋아!

이모
할머니 닮아서 그래.

루아
할머니?

이모
응. 할머니도 **손이 크시거든.**

그리고 음식 많으면

여럿이 나눠 먹을 수도 있고 좋잖아. 😘

루아
응! 나눠 먹는 음식이 제일 맛있어.

루아의 마음 일기

요즘 이모는 제과 제빵사 자격증을 따려고 공부 중이다. 그래서 매일 빵이랑 쿠키를 굽는데, 정말 맛있다. 제과 제빵사는 멋진 직업 같다. 이모가 자격증을 따서 우리 집 근처에 빵집을 열면 좋겠다. 그럼 매일 가서 빵이랑 쿠키를 공짜로 달라고 해야지!

 똑똑 관용어

씀씀이가 크고 후할 때, '손이 크다'라는 말을 써요. 또는 좋은 방법이나 수단을 많이 가지고 있다는 의미로도 쓰인답니다. 비슷한 말로 '손이 걸다'가 있어요.

▶ 학교 앞 분식집 아주머니는 **손이 커서** 떡볶이를 많이 준다.
▶ 우리 반 회장은 **손이 걸어서** 무슨 일이든 잘 해낸다.

18 눈 깜짝할 사이

#눈_깜짝할_사이에_반함 #시후_♥_봄

시후 👤 2

시후
봄이 또 보고 싶다.

나도 고양이 입양하고 싶어.

루아
다음 주에도 놀러 와. 🙂

봄이도 너 좋아하는 것 같아.

시후
헤헤. 너도 그렇게 생각해?

내가 준 간식 **눈 깜짝할 사이**에 먹어 치우는 거 봤어?

루아
배가 고팠나 봐.

시후
그리고 **눈 깜짝할 사이**에 캣 타워로 올라가더라.

루아
고양이는 움직임이 빨라.

시후
나 완전히 봄이한테 반한 것 같아.

루아
> 우리 봄이 정말 귀엽지? 😊
> 우리 집에 오면 다들 봄이한테 반한다니까.

시후
> 응. 너무 귀여워! 😀
> 앞으로 봄이 사진 자주 보내 줘! 😘
> 방금 보고 왔는데, 벌써 봄이가 보고 싶네.

루아의 마음 일기

오늘 시후가 우리 집에 놀러 왔다. 그리고 봄이와 같이 놀았다. 시후와 봄이는 전에도 몇 번 본 적이 있긴 하지만, 오늘에서야 봄이가 시후에게 마음을 열었다. 시후가 준 간식도 잘 받아먹고, 낚싯대 장난감도 가지고 놀았다. 그러다 문득 시후를 보니, 봄이와 노는 시후의 <u>눈빛이 아주 반짝반짝했다.</u>

똑똑 관용어

평소에 우리는 눈을 감았다 뜨는 과정을 거의 느끼지 못해요. 그래서 '눈 깜짝할 사이'는 느끼지 못할 만큼 아주 짧은 순간을 말해요.

▌ **눈 깜짝할 사이**에 쉬는 시간이 지났다.
▌ 오빠가 **눈 깜짝할 사이**에 슈퍼를 다녀왔다.

19 얼굴에 씌어 있다

#마음을_읽는_마법 #엄마는_다_알아

엄마 👤 2

 엄마
요즘 루아 무슨 걱정 있어?
얼굴에 씌어 있네.

루아
내 얼굴에? 뭐라고? 😮

 엄마
걱! 정! 이렇게 두 글자가 보여.

루아
사실은
유진이랑 예린이가 싸워서 골치 아파. 😣

 엄마
그동안 싸우는 일 없이 잘 지내더니.
무슨 일이야?

루아
나도 별일 아니라고 생각했는데,
내가 모르는 사건이 더 있었나 봐.

엄마
중간에서 힘들겠네.

루아가 양쪽 이야기를 잘 들어 보면 어떨까?

유진이와 예린이가 서로 오해하는 게 있다면

풀어 주는 거야.

루아
그래! 내가 둘의 오해를 풀어 주겠어!

쉿! 루아의 마음 일기

　엄마는 내 마음을 읽는 마법사다. 내 얼굴만 보고도 기분이 나쁜지 좋은지, 슬픈지 즐거운지 바로 알아차리신다. 요즘 유진이와 예린이가 싸운 일로 고민하느라 내 표정이 어두웠던 모양이다. 엄마가 금방 알아차리고 조언을 해 주셨다. 엄마 말대로 친구들의 이야기를 잘 들어 봐야겠다. 역시 우리 엄마 최고!

 똑똑 관용어

얼굴에는 표정으로 마음이 다 드러나요. '얼굴에 씌어 있다'는 말하지 않아도, 얼굴만 보고 그의 감정이나 기분을 알 수 있다는 뜻이에요.

▪ 네가 무슨 생각을 하는지 **얼굴에 씌어 있어**.
▪ 화장실 가고 싶다고 네 **얼굴에 다 씌어 있는걸**?

20 불똥이 튀다

#삼총사의_위기_2 #나도_이제_못_참아!

유진 2

루아
유진아,
예린이 부탁 거절한 이유 말이야.
아직도 말하기 좀 그래?

유진
응…….
우리가 싸우는 바람에 괜히 너한테까지 **불똥이 튀었네**.
미안. 😢

루아
사과는 나 말고 예린이에게 해야지.

유진
난 예린이한테 미안한 일 한 적 없어.
너 그동안 내 잘못이라고 생각했던 거야?

루아
아니, 그건 아니고…….
그냥 누구든 먼저 사과하고 화해했으면 해.

유진
서운하다, 이루아! 😠

너는 내 편이라고 믿었는데!

루아
아니, 왜 또 나한테 **불똥이 튀는** 건데!

유진
이제 너랑 예린이 얘기 그만하고 싶어.

루아의 마음 일기

　유진이와 예린이의 싸움이 끝날 줄을 모른다. 이제는 누가 잘못한 거고, 누가 누구에게 사과해야 하는지도 모르겠다. 가만히 있는 나한테까지 불똥이 튀니까 나도 답답하고 화가 난다. 유진이나 예린이랑 얘기하다 보면 결국 나한테 서운하다로 끝이 나 버린다. 속상하다. 요즘은 민준이랑 노는 게 제일 재미있고 편하다.

 똑똑 관용어

불에 타고 있는 물건에서 튀는 불덩이를 '불똥'이라고 해요. 이 작은 불똥이 어디로 튈지 모르는 것처럼 나쁜 일의 영향이나 화가 엉뚱한 사람에게 미칠 때, '불똥이 튄다'라고 해요.

▪ 동생이 잘못을 한 바람에 나한테까지 **불똥이 튀었다.**
▪ 숙제 검사 시간에 누구에게 **불똥이 튈지** 몰라 모두 초조해했다.

유진이의 꿈

* 만화 속 틀린 관용어를 찾아보아요.

21 손가락 하나 까딱 않다

#화장실_청소_당번_정하기 #노는_손가락은_누구?

♥ 우리 가족 ♥ 👤 4

엄마: 어제 보니까 봄이 화장실 안 치워져 있더라.

아빠: 그래? 😮
어제 내 차례였나?

루아: 아니야. 오빠였어.
오빠가 자꾸 까먹어.

엄마: 로운이였어?

루아: 요즘 오빠 **손가락 하나 까딱 안 해**.
오늘 봄이 밥도 내가 줬다고. 😠

아빠: 로운이 요새 바쁜 일 있어?

루아: 게임하느라 바쁘지.

로운
야, 이루아!

그걸 말해 버리면 어떡하냐!

아빠
로운이 진짜 게임하느라 **손가락 하나 까딱 안 한 거야**?

로운
아니야! 아니야!

내일부터 화장실 청소 열심히 할게! 😭

쉿! 루아의 마음 일기

　고양이를 키우려면 밥도 챙겨 주고 화장실 청소도 하고 할 일이 많다. 그런데 오빠는 가끔 귀찮다는 핑계로 하지 않는다. 봄이는 고양이라서 오빠의 게으름을 모르겠지만, 나는 다 안다. 엄마 아빠한테 이르니까 속이 다 시원하다! 흥!

똑똑 관용어

'손가락 하나 까딱 않다'는 아무 일도 안 하고 뻔뻔하게 놀고만 있는 사람을 비난하는 말이에요. 몸을 바쁘게 움직이며 열심히 일하기는커녕 손가락 하나 움직이려는 노력도 안 한다는 뜻이지요.

▪ 다들 열심히 집 정리를 하는데 동생은 **손가락 하나 까딱하지 않았다**.
▪ 방학이 되자 **손가락 하나 까딱하기 싫었다**.

22 파김치가 되다

#태권_소년 #승급_심사가_다가온다

시후 2

루아
시후야, 오늘 학원도 못 나오고 어디 아파?

시후
응, 조금.

루아
헉. 병원은 다녀왔어?

시후
응. 그냥 피곤해서 그렇대.
혓바늘도 돋았어.

루아
많이 아프겠다.
어쩌다 혓바늘까지 난 거야.

시후
태권도 연습을 너무 많이 해서 그런가?
어제는 **파김치가 돼서** 집에 오자마자 잠들었어.

루아
어휴, 뭐든 적당히 해!

시후
곧 승급 심사가 있거든.

루아
아프면 심사에서 실력 발휘를 못 하잖아.

시후
네 말이 맞네.
이제 쉬엄쉬엄할게.

루아의 마음 일기

시후의 꿈은 태권도 선수다. 평소에는 조용하고, 작은 벌레 한 마리도 무서워하는데 발차기를 할 때만큼은 세상에서 제일 용감하다. 태권도복을 입은 시후는 정말 멋있다. 하지만 시후가 태권도를 조금만 덜 좋아하면 좋겠다. 태권도 연습을 너무 열심히 해서 아프면, 여자 친구인 내 마음도 아프니까.

똑똑 관용어

'파김치'를 담그면 푸릇하고 억셌던 파가 숨이 죽어 지친 것처럼 보여요. '파김치가 되다'는 매우 지쳐서 기운이 없다는 뜻이에요.

▶ 늦은 밤까지 놀다가 **파김치가 되어** 집에 돌아왔다.
▶ 무리해서 줄넘기 연습을 했더니 **파김치가 되었다**.

23 뜸을 들이다

#유진이의_속마음 #유진이에게_공감_100%

유진 👤 2

유진
그러니까…….
음…….

루아
뭐야, 벌써 30분째야.
뜸 들이지 말고 얼른 말해.

유진
사실은……
내 동시 노트를 예린이에게 준 적이 있어.
읽고 어떤지 말해 주기로 했거든.
그런데 예린이가 까먹었더라.

루아
응? 예린이가 바빴나?

유진
안 그래도 백일장 자꾸 떨어져서
자신감도 없을 때였는데.

> 루아
> 맞아. 저번 학기에 너 그랬지.

유진
> 솔직히 예린이한테 많이 섭섭하더라고.

> 루아
> 흠, 나라도 그럴 것 같아.
> 네 마음 이해해, 유진아.

쉿! 루아의 마음 일기

　나도 그때 유진이가 얼마나 힘들어했는지 알고 있다. 예린이가 유진이의 동시를 읽겠다고 하고 약속을 지키지 않았다니, 내가 유진이라도 예린이한테 섭섭했을 것 같다. 나는 지금이라도 예린이에게 속마음을 이야기하라고 유진이를 설득했지만, 유진이의 마음은 굳게 닫혀서 열릴 생각을 안 한다. 어쩌지?

 똑똑 관용어

'뜸'은 음식을 찌거나 삶아 익힐 때 열을 충분히 가한 뒤에 한동안 뚜껑을 열지 않고 그대로 두어 속까지 잘 익도록 하는 일을 말해요. 마찬가지로 '뜸을 들이다'는 일이나 말을 할 때 한동안 가만히 있는 것을 뜻하지요.

▌ 사냥꾼이 너무 오래 **뜸을 들이는** 바람에 사냥감을 놓치고 말았다.
▌ 친구는 한참 **뜸을 들이더니** 고민을 털어놓았다.

 # 봄눈 녹듯

#할머니_건강하세요 #따뜻한_말에_마음이_사르르

외할머니 2

루아
할머니 아파?
엄마랑 할머니가 전화하는 거 들었어.

 외할머니
허리가 좀 아파서 병원에 다녀왔어.
별거 아니야. 🙂

루아
할머니 아프지 마! 얼른 나아!

 외할머니
루아가 그렇게 말해 주니까
아파서 속상했던 마음이 **봄눈 녹듯** 풀리네.

루아
봄눈? 지금은 여름인데?

 외할머니
봄에 오는 눈은 금방 사르르 녹잖아.
루아의 따뜻한 말에 할머니 마음도 봄눈처럼 녹았어.

루아

그럼 따뜻한 말 더 많이 해 줄래.

할머니 사랑해. ♥♥

할머니 허리야, 아프지 마.

외할머니

할머니도 루아 사랑해. ♥

루아의 마음 일기

엿들으려고 한 건 아닌데, 엄마가 외할머니와 통화하는 소리를 듣게 되었다. 엄마의 목소리가 무거웠다. 할머니 허리가 아프다고 했다. 슬프다. 할머니한테 톡을 보냈는데, 할머니는 내 위로가 봄눈이라고 하셨다. 할머니를 위해서라면 나는 봄눈, 여름눈…… 모든 계절의 눈이 될 수 있다.

똑똑 관용어

'봄눈'은 봄에 오는 눈을 말해요. 봄에는 날씨가 따뜻하기 때문에 눈이 내리더라도 금방 녹아 사라져 버려요. 이처럼 마음이나 물건이 빠르게 희미해져 사라지는 모양을 '봄눈 녹듯'이라고 해요. '봄눈 슬듯'이라고도 한답니다.

▌ 친구의 위로에 걱정이 **봄눈 녹듯** 사라졌다.
▌ 아이스크림을 먹자 답답한 마음이 **봄눈 녹듯** 풀렸다.

25 파리를 날리다

#새로운_떡볶이집 #알고_보니_숨은_맛집?

★ 4-1 친구들 ★ 11

민준
새로 생긴 떡볶이집 가 본 사람?

재하
떡볶이집 생겼어? 어디에?

민준
학교 후문 근처. 😊

수빈
아, 무지개 분식?

예린
거기 **파리 날리던데**?

루아
뭐야, 파리가 있으면 더러운 거 아니야?

유진
아니. 손님이 없다는 뜻이야.

도현
손님은 없고 파리만 있다는 건가?
떡볶이 냄새는 되게 좋던데.

루아
맛이 궁금한데?

민준
내가 한번 가 봐야겠다!

루아
나도 같이 가!

쉿! 루아의 마음 일기

학교가 끝나고 민준이랑 무지개 분식에 가서 떡볶이를 먹었다. 한 입 먹자마자 눈이 동그래졌다. 엄청나게 맛있었다. 그런데 왜 아무도 여기를 안 오는 거지? 덕분에 나와 민준이에게는 새로운 임무가 생겼다. 무지개 분식 떡볶이가 얼마나 맛있는지 친구들에게 알리는 일!

똑똑 관용어

가게에 손님이 없어 텅 비었다면, 작은 파리 한 마리도 아주 잘 보이겠지요? '파리를 날리다'는 가게에 손님이 없거나 물건이 잘 안 팔려서 한가하다는 의미로 쓰여요.

- **파리를 날리던** 그 식당은 입소문 덕분에 점점 단골이 늘었다.
- 길 건너 슈퍼는 **파리만 날리더니** 결국 문을 닫고 말았다.

26 허리가 휘다

#이럴_때만_오빠 #나도_용돈_더_줘!

로운 👤 2

루아
오빠, 나 부탁이 있어.

 로운
넌 부탁 있을 때만 오빠라고 부르지?

루아
쳇. 나 오천 원만 빌려줘.
내일 시후한테 떡볶이 사 주기로 했단 말이야.

 로운
싫어.
나도 적은 용돈으로 버티느라 허리가 휘어.

루아
나는 오빠보다 용돈을 더 적게 받아!
아마 내 허리가 더 휘었을 거다!

 로운
넌 나보다 두 살 어리잖아.

루아
오빠는 여자 친구 없으니까 돈 쓸 일 없잖아.

로운

윽. 😢 마음의 상처.

그거 너무 심한 말 아니냐?

돈 안 빌려줄 거야!

루아

방금 했던 말 취소!

빌려줘라, 제발. 😣

루아의 마음 일기

　나랑 오빠는 일주일에 한 번씩 용돈을 받는다. 나는 만 원, 오빠는 이만 원이다. 받을 때는 엄청 큰돈 같은데 생각보다 금방 쓴다. 오빠가 나보다 두 살 많다는 이유만으로 용돈을 더 받는 건 불공평하다. 끝내 오빠는 돈을 빌려주지 않았고, 시후한테 떡볶이는 다음 주에 사기로 했다.

똑똑 관용어

'허리'는 우리 몸의 중심, 또는 사물의 가운데 부분을 이르는 말이에요. 아주 중요한 부위인 것이지요. 감당하기 어려운 일을 하느라 힘에 부칠 때, '허리가 휘다'라는 표현을 써요.

▶ 숙제가 많아서 **허리가 휜다**.
▶ 비싼 여행 경비 때문에 **허리가 휠** 지경이었다.

27 어깨가 무겁다

#우유(빛)_천사_박수빈 #부회장의_고민

수빈 👤 2

루아
수빈아, 아까 우유 당번 도와줘서 고마워!

 수빈
뭘, 또. 😘
나 부회장이잖아!

루아
안 그래도 너 요즘 바빠 보이더라.

 수빈
반 회장 송건오가 맨날 놀러 다니는 바람에
내가 좀 바빠.
내 **어깨가 무거워졌어.** 😥

루아
어깨? 부회장 일 너무 열심히 해서 아픈 거야?

 수빈
부회장의 책임감 때문에 부담이 크다는 말이야.

루아
송건오에게 제대로 하라고 한마디 해!

수빈
그러면 알 수 없는 고사성어로 나를 괴롭게 해.

루아
어휴, 걔는 아직도 그러니!

수빈
응! 진짜 얄미워.
회장이라고 잘난 척만 하더라니까!

루아
안 되겠어. 내가 나서야겠어.

 루아의 마음 일기

수빈이는 안 그래도 학급 일이 많아 바쁜데, 회장인 송건오가 무책임하게 굴어서 힘들다고 했다. 회장이 더 열심히 해야 되는 거 아닌가? 도대체 누가 송건오를 뽑은 거지? 정말 미스터리다.

 똑똑 관용어

힘든 일이 있으면 어깨가 축 처진다고 하고, 반대로 기쁜 일이 있으면 어깨가 올라간다고 표현해요. 그리고 '어깨가 무겁다'는 무거운 책임을 져서 마음에 부담이 크다는 뜻이랍니다.

▎ 체육 대회를 앞두고 선생님의 **어깨가 무거워** 보였다.
▎ 조원들이 나를 믿고 조장으로 뽑아 주었으니, 그 믿음에 **어깨가 무거웠다**.

28 날밤을 새우다

#예린이도_유튜버_도전 #사실_유진이가_말이야

예린 2

루아
아까 왜 내 인사 안 받았어?

예린
휴, 어제 **날밤을 새웠어.**
네가 인사하는 줄도 몰랐어.

루아
날밤? 한숨도 못 잔 거야?

예린
유튜브 영상 찍느라 꼴딱 샜어.
아직 괜찮은 영상은 못 찍었지만.

루아
너도 유튜브 하려고?

예린
응. 나도 채유진 보란 듯이 유튜버가 될 거야.

루아
있잖아, 예린아. 이거 말하면 안 될 것 같은데…….
사실은 유진이가 너에게 섭섭했던 일이 있었대.

예린
뭐? 나한테 섭섭했었다고?

그게 뭔데?

루아
음, 그게 말이야…….

예린
아휴, 답답해. 대체 뭔데?

 루아의 마음 일기

　예린이에게 유진이의 사정을 이야기해 줬다. 그러면 예린이도 유진이를 이해할 줄 알았다. 그런데 예린이 반응이 기대했던 것과 달랐다. 그 일로 화를 내는 게 이해가 안 된다고 했다. 이제 유진이와는 친구 사이가 아니니, 유진이가 섭섭해하든 말든 상관없다고까지 했다. 갑자기 머릿속이 멍해졌다. 내가 괜한 말을 전했나?

 똑똑 관용어

'날밤'은 쓸데없이 새우는 밤을 말해요. 그러니 '날밤을 새우다'는 괜히 자지 않고 밤을 새운다는 뜻이지요.

▶ 괜한 걱정에 날밤을 새웠어.
▶ 낮잠을 많이 자는 바람에 날밤 새웠지 뭐야.

29 귀청이 떨어지다

#우르르_쾅쾅! #하늘이_무너지는_중

★ 4-1 친구들 👤 11

루아
방금 천둥소리 들은 사람?

현호

나! 와, 진짜 놀랐네. 😦

건오

귀청 떨어지는 줄.

수빈

나도 귀청이랑 심장 떨어지는 줄 알았어.

도현

방금도 하늘이 번쩍했어.

예린

으악! 😭

민준

지금 천둥 또 쳤다!

루아
하늘 무너지는 중인 거 아냐?
무슨 천둥소리가 이렇게 커. 😦

민준
내일 체육 있는데 그 전에 비 그쳤으면 좋겠다.

건오
내일도 비 온대. 😵

루아
안 돼! 내 체육 시간!

쉿! 루아의 마음 일기

나는 천둥소리 같은 건 별로 무서워하지 않는다. 귀신 이야기에도 끄떡없는 이루아니까! 그런데 오늘은 좀 무서웠다. 천둥소리가 너무 커서 하늘이 무너지는 줄 알았다. 이어서 엄청나게 많은 비가 쏟아졌다. 내일은 체육이 있는 날이라 기대하고 있었는데, 내일도 비가 온다니 슬프다.

 똑똑 관용어

'귀청'은 귓구멍 안쪽에 있는 막으로, 소리를 귀의 깊숙한 곳까지 전달해 들을 수 있도록 해 준답니다. '귀청이 떨어지다'는 귀 안쪽에 있는 귀청이 흔들릴 정도로 소리가 매우 크다는 의미예요.

▎ 폭죽 소리에 **귀청이 떨어지는** 듯했다.
▎ 아기의 울음소리가 어찌나 큰지, **귀청이 떨어지는** 줄 알았다.

30 좀이 쑤시다
31 엉덩이가 근질근질하다

#심심한_주말 #캠핑_부녀_출동!

아빠 2

루아
아빠 나 심심해.

아빠
날씨도 좋은데 집에만 있으니 좀이 쑤시네.
답답한데 내일 캠핑 갈까?

루아
좋아! 😆

아빠
엉덩이가 근질근질했는데 잘됐다.

루아
엉덩이가 왜? 아빠 똥 싸고 안 닦았어?

아빠
아니야!
가만히만 있어서 답답했다는 뜻이야.
좀이 쑤시는 거랑 비슷한 거지.

루아
나도 오랜만에 놀러 가고 싶어.

아빠

좋았어! 😊

루아
신난다! 얼른 가방 싸야지!

쉿! 루아의 마음 일기

　나랑 아빠는 캠핑을 좋아한다. 캠핑을 가면 풀 냄새도 싱그럽고, 살랑살랑 내 머리카락을 흔드는 바람도 좋다. 이제 아빠는 나 없으면 텐트도 못 친다. 내일을 위해 오늘은 일찍 자 둬야겠다. 구름 님, 비 님 내일은 오지 마세요.

 ### 똑똑 관용어

'좀'은 아주 작은 벌레로 나무를 갉아먹으며 살아요. 몸에 좀이 기어 다닌다면 간지러워 가만히 있지 못할 거예요. 그래서 마음이 들뜨거나 가만히 있지 못할 때 '좀이 쑤시다'라고 해요.

- 댄스 음악을 들으니 춤추고 싶어 **좀이 쑤셔**.
- 집에만 있기에 **좀이 쑤셔서** 나들이 나왔어.

'엉덩이가 근질근질하다'는 엉덩이가 간지러운 사람처럼 가만히 앉아 있지 못하고 자꾸 일어나 움직이려 한다는 뜻이에요.

- 책상 앞에만 앉으면 **엉덩이가 근질근질해**.
- **엉덩이가 근질근질한데** 자전거 타러 나갈까?

32 간에 기별도 안 가다

#캠핑하며_먹는_라면이_최고! #힐링_타임

♥ 우리 가족 ♥ 👤 4

 로운

 엄마
밤에 저 사진을 다시 보니 배고프네.

루아
맞아. 침이 꼴깍!

 로운
아빠, 그런데 라면 너무 조금 끓였더라.

 엄마
동감! 간에 기별도 안 갔어.

루아
간? 나는 목구멍에 기별도 안 갔어.

아빠
고기 실컷 먹고 라면은 디저트였잖아.

엄마
고기 배 따로, 라면 배 따로 몰라?

루아
아빠가 끓인 라면이 너무 맛있어서 그래.

로운
맞아. 라면 더 먹고 싶었는데 아쉬웠어.

쉿! 루아의 마음 일기

가족 캠핑은 정말 즐거웠다. 나랑 아빠가 텐트를 치는 동안 엄마는 고기를 구웠다. 오빠는 캠핑과 어울리는 신나는 음악들을 선곡해 틀었다. 유진이와 예린이 일로 머리가 지끈지끈 아팠었는데, 캠핑장에 오니 다 풀리는 것 같았다.

 똑똑 관용어

'간'은 우리 몸 안에 있는 기관이에요. '기별'은 다른 곳에 소식을 전한다는 뜻이고요. 먹은 것이 너무 적어서 먹으나 마나 했을 때 '간에 기별도 안 간다'라고 해요. 비슷한 관용어로 '간에 차지 않다'도 있어요.

▸ 밥 한 공기로는 **간에 기별도 안 가**.
▸ 장염에 걸려서 죽만 먹고 있는데, **간에 기별도 안 가더라**.

33 콧등이 시큰하다

#우리의_러브_레터 #시후에게

시후 2

루아
내가 준 편지 읽었어?

시후
응. 읽으면서 **콧등이 시큰했어.**

루아
감동했다는 뜻이지?

시후
당연하지! 😭

루아
답장은 언제 줄 거야? 😤

시후
오늘 네가 좋아하는 초록색 편지지 샀어!
내일 수학 학원에서 줄게.
세 장 써서 줄게. 😘

루아
세 장이나?
할 말이 그렇게 많아?

시후
당연히 많지! 😘
아마 세 장도 모자랄걸?

루아
안 되겠다.
나도 다시 쓸래. 더 길게! 😣

쉿! 루아의 마음 일기

문구점에 갔다가 시후가 좋아하는 캐릭터 편지지가 있기에 샀다. 편지지에 'TO. 시후'라고 썼을 뿐인데 갑자기 심장이 간지러웠다. 그러고 보니 우리는 톡은 자주 해도 편지는 거의 안 썼다. 가끔은 이렇게 편지를 주고받는 것도 재미있을 것 같다.

똑똑 관용어

어떤 일에 감격하거나 슬퍼서 눈물이 나오려 할 때, 코끝이 찡한 느낌을 받아 본 적 있나요? 그런 것을 두고 '콧등이 시큰하다'라고 한답니다.

▪ 졸업식 날, 선생님과 인사를 나누면서 **콧등이 시큰했다**.
▪ 오랜만에 할아버지를 보니 **콧등이 시큰하여** 눈물이 나올 것 같았다.

34 하늘이 노랗다

> 루아
> 괜찮아. 네 잘못도 아닌데.

> 민준
> 휴, 속상하다. 😢
> 요즘 안 좋은 일만 생기는 것 같아.

> 루아
> 그렇게 생각하지 마!
> 네 자전거는 내가 무조건 찾아 줄게.

쉿! 루아의 마음 일기

민준이는 자전거를 좋아한다. 자전거 타고 세계를 여행하는 꿈도 가지고 있다. 그런 자전거를 도둑맞은 것이다. 더구나 따로 사는 아빠가 사 준 자전거라서 민준이한테는 엄청 소중한 물건이었다. 진짜 누가 훔쳐 간 거라면 내가 찾아서 가만두지 않겠어!

 똑똑 관용어

매우 피곤하여 기력이 쇠하거나 큰 충격을 받아 정신이 아찔한 상태를 말해요. 하늘의 색이 파란지 노란지 구분하지 못할 만큼 정신이 없는 것이지요.

▶ 소변을 너무 오래 참았더니 **하늘이 노랗다**.
▶ 축구공에 머리를 맞은 순간 **하늘이 노랗게** 보였다.

35 목에 힘을 주다

#건오의_목은_뻣뻣 #그래도_의리는_여전해

건오 👤 2

루아
송건오 바빠?

 건오
나?
우리 반 회장님으로서 항상 바쁘시지.
몰라서 물어?

루아
참나!
목에 힘 주고 다니지만 말고,
나 좀 도와줘.

 건오
왜, 난 **목에 힘 좀 주면** 안 되냐?
도와줄 일이 뭔데?

루아
민준이가 자전거 잃어버렸대.

 건오
헉, 그거 큰일인데?

루아

너 민준이 절친이잖아.

절친을 도와줘야지.

같이 자전거 도둑 잡자.

 건오

좋아!

뭐부터 하면 되는데?

쉿! 루아의 마음 일기

요즘 건오가 얄밉게 굴어서 톡하고 싶지 않았다. 하지만 건오는 민준이의 절친이니까 말하면 도와줄 것 같았다. 우리는 민준이의 자전거를 찾는 전단지를 만들어 학교와 놀이터 곳곳에 붙였다. 누군지 잡히기만 해 봐!

 똑똑 관용어

목에 힘을 주면 목이 뻣뻣해지면서 자연스럽게 시선이 위에서 아래로 향해요. 사람을 내려다보게 되는 것이지요. '목에 힘을 주다'는 거만하게 굴거나 상대를 깔보는 듯한 태도를 말해요.

▪ 전교 회장인 언니는 학교에서 **목에 힘을 주고** 다녔다.
▪ 댄스 대회에서 1등을 하자 저절로 **목에 힘이 들어갔다**.

36 발을 끊다

#2차전_시작 #나한테_왜_그래?

유진 👤2

유진: 너 예린이한테 다 말했어? 😠

루아: 뭘?

유진: 내가 예린이한테 섭섭해했던 이유 말이야.
정말 실망이야, 이루아!

루아: 그게 비밀이었음?

유진: 아까 우예린이 와서 따지더라.
황당하네. 자기가 잘못한 거는 생각 안 하나?

루아: 예린이가 왜 그랬지? 🤔

유진: 너도 똑같아.
내가 용기 내서 말한 걸 바로 예린이에게 전하냐!

> 루아
> 아니, 나는 너희 화해하라고······.

유진
> 이제 너하고도 **발 끊을 거야.**
> 앞으로 나한테 인사하지 마!

> 루아
> 그게 무슨 소리야!

쉿! 루아의 마음 일기

이게 무슨 날벼락이지? 나는 멍하니 휴대폰 화면만 바라보았다. '인.사.하.지.마' 다섯 글자가 눈앞에 둥둥 떠다녔다. 유진이에게 전화를 걸었는데 받지 않았다. 나는 말싸움은 잘하지만, 싸움이 끝나고, 화해하고 싶을 때 어떻게 해야 하는지에 대해서는 하나도 모른다. 그 사실을 오늘 깨달았다.

 ### 똑똑 관용어

누군가를 만나기 위해서는 기꺼이 발을 써서 걸어야 하지요. 그러니까 발 끊는다는 말은 오가지 않거나, 관계를 끊어 버린다는 뜻이에요.

▪ 어제부터 피시방에 **발을 끊었다.**
▪ **발을 끊었던** 사촌에게 연락이 왔다.

37 눈앞이 캄캄하다

#멘붕_직전 #다_유튜브_때문이야!

수빈 2

수빈
루아야, 너 어제 냥이 유튜브 새로 올라온 거 봤어?
진짜 귀여워! 😍

루아
응? 아니…….

수빈
반응이 왜 그래?
무슨 일 있어? 😟

루아
유진이가 나한테 절교 선언했어.
어떡하지?
눈앞이 캄캄하다.

수빈
헉! 유진이는 예린이랑 싸운 거 아니야?

루아
맞아. 그런데 내가 실수를 해서 나한테도 화났어.

84

수빈
뭐야, 뭐야. 유진이한테 잘 말해 봐!

루아
말할수록 나빠지기만 해.
아악! 😠
창문 열고 소리 지르고 싶다!

수빈
진짜 답답하겠다. 😟 힘내.

🤫 루아의 마음 일기

이제 유진이는 학교에서 나에게 눈길도 주지 않는다. 교실에서 눈이 마주쳤는데 찬바람이 쌩쌩 불었다. 예린이는 예린이대로 심통이 단단히 났다. 답답하다. 즐거웠던 학교생활에 먹구름이 꼈다. 아주 제대로! 수빈이가 위로해 줘서 그나마 좀 나았다.

똑똑 관용어

'눈앞이 캄캄하다'는 절망적인 일 앞에서 어찌할 바를 몰라 아득하다는 뜻이에요. 큰 충격을 받고, 해결 방법을 찾지 못해 막막한 상황에서 쓰지요.

🚩 아침에 일어나자마자 지각을 깨닫고 **눈앞이 캄캄했다**.

🚩 여행 중에 휴대폰을 잃어버려서 **눈앞이 캄캄했다**.

38 밑도 끝도 없이

#이유가_없는_게_아냐! #말대꾸_대장의_부활

엄마 2

엄마
어제 루아 잘못한 거 알고 있지?

루아
내가 뭐!

엄마
엄마 말에 **밑도 끝도 없이** 짜증 내고 말대꾸하기야?
한동안 안 그러더니 옛날 버릇 또 나오네?

루아
뭐! 뭐! 뭐!
나도 **밑도 끝도 없이** 짜증 날 때가 있단 말이야!
그런데…….

엄마
그런데 뭐?

루아
그러니까…….

엄마
그러니까 뭐? 😒

루아

잘못했어.

 엄마

다음부터는 짜증 내지 않기야.

짜증 대신 차근차근 설명하기!

루아

응. 미안해, 엄마.

 엄마

알겠어. 사과받을게.

루아의 마음 일기

유진이랑 예린이 일 때문에 그런가. 어제는 나도 모르게 짜증이 삐죽삐죽 솟아났다. 그래서 밥 먹다가 엄마에게 짜증을 내 버렸다. 말대꾸도 하고. 나도 내가 잘못했다는 걸 안다. 하지만 바로 인정하기 싫어서 더 짜증을 냈다. 엄마 미안해.

똑똑 관용어

'밑도 끝도 없이'는 대화 중 관계없는 말을 불쑥 꺼내거나, 갑자기 뜬금없는 행동을 할 때 쓰는 관용어예요.

▌ 친구가 **밑도 끝도 없이** 퀴즈를 냈다.

▌ 잘 놀고 있었는데 언니가 **밑도 끝도 없이** 화를 냈다.

39 꿈인지 생시인지

#드디어_자전거를_찾다 #고마워요_무지개_분식!

민준, 건오 3

루아
민준아! 자전거 찾았어!

건오

민준
정말? **꿈인지 생시인지!** 😭
이루아! 송건오! 정말 고마워!

루아
꿈 아니고 생시 맞아! 😆

민준
내가 맛있는 거 사 줄게!
먹고 싶은 거 말만 해!

루아
> 히히. 완전 많이 먹어야지!

건오
> 무지개 분식으로 와! 여기서 찾았거든.

민준
> 오케이! 지금 나갈게!

쉿! 루아의 마음 일기

　나랑 건오는 자전거를 찾는 전단지를 만들어 여기저기 붙였다. 그런데 오늘 무지개 분식에서 연락이 왔다. 전단지 속 자전거랑 똑같이 생긴 자전거를 타고 다니는 아이를 보았다고 했다. 우리는 무지개 분식 앞에서 기다리다가 그 아이를 만났다. 우리 학교 2학년이었는데, 주인이 없는 자전거인 줄 알았다나. 어쨌든 찾았다! 야호!

똑똑 관용어

'생시'는 자거나 취하지 않고 깨어 있을 때를 말해요. '꿈인지 생시인지'는 간절히 바라던 일이 이루어졌을 때 써요. 바라던 일이 이루어져 현실 같지 않고 꿈처럼 여겨진다는 뜻이지요. 뜻밖의 일에 부닥쳐 어찌할 바를 모를 때도 쓴답니다.

▶ 이벤트에 당첨되다니, 이게 **꿈이야 생시야**!

▶ 지갑을 도둑맞은 직후에는 **꿈인지 생시인지** 정신이 없었다.

40 열을 내다

#어디서부터_잘못된_걸까? #오해는_오해를_낳고

예린 2

루아
어제 또 유진이랑 싸웠다며?
너희 정말 왜 그러니!

예린
채유진이 자기 유튜브 자랑하잖아.
나도 유튜브 시작한 거 뻔히 알면서.
말하니까 또 **열 나네**.

루아
그래서 복도에서 큰 소리 내며 싸운 거야?

예린
이루아! 왜 나한테만 뭐라고 그래?
너 이제 완전히 유진이 편 하기로 한 거야?

루아
유진이는 나랑 말도 안 하거든!
왜 나한테 **열을 내는** 거야, 다들!
으아아악!

예린
네가 번번이 채유진 편만 들잖아!

나도 답답하고 속상해.

루아
내가 언제 유진이 편만 들었다고 그래!

나야말로 답답하다고!

루아의 마음 일기

　내가 화장실을 다녀온 사이에 유진이와 예린이가 또 싸웠다는 이야기를 들었다. 복도에서 아주 큰 소리를 다투는 바람에 다른 반 아이들도 다 알게 되었다. 아직도 유튜브 때문에 싸우고 있다. 이제 유튜브 소리만 들어도 머리가 지끈지끈 아프다.

똑똑 관용어

'열을 내다'는 매우 흥분하여 화를 낸다는 뜻이에요. '열'은 격분하거나 흥분한 상태를 일컫기도 하거든요. 어떤 일에 열중하거나 기세를 높인다는 의미로도 쓰이지요. 비슷한 말로 '열을 올리다'가 있어요.

▪ 동생은 게임에서 지자 **열을 냈다**.
▪ 나는 시험을 앞두고 고사성어 공부에 **열을 올렸다**.

유튜브는 아무나 하나

* 만화 속 틀린 관용어를 찾아보아요.

41 눈에 밟히다

#애교쟁이_봄 #할머니의_손주들

외할머니 2

외할머니
할머니 지금 이모네 도착했어.

루아
할머니, 우리 집에 또 놀러 와!

외할머니
봄이가 할머니를 자꾸 따라다녀서 **눈에 밟히네**.

루아
봄이 정말 귀엽지?

외할머니
응. 야옹야옹 울면서 할머니 옆에 눕더라?

루아
갈수록 애교쟁이야. 😊

외할머니
우리 루아랑 로운이도 보고 싶어서 **눈에 밟히네**.

루아
오빠는 할머니가 와도 게임만 하는데?

그래도 보고 싶어?

외할머니
할머니에게는 다 소중한 손주들이지.

루아
헤헤. 나도 할머니가 아주 소중해.

 외할머니
또 놀러 갈게.
그때까지 건강하게 잘 있어.

루아의 마음 일기

오늘 외할머니가 우리 집에 오셨다. 자고 가실 줄 알았는데, 이모네도 들러야 한다면서 일찍 가셨다. 오늘 봄이는 외할머니 옆에 꼭 붙어 떨어질 줄을 몰랐다. 봄이도 나처럼 외할머니가 너무 좋은가 보다. 나랑 봄이 둘 다 외할머니 뒤만 졸졸 따라다녔다. 할머니, 우리 두고 가지 마요!

 똑똑 관용어

발밑에 무언가 자꾸 밟힌다면 신경이 쓰여서 가던 길을 멈추게 되지요. '눈에 밟히다'는 보았던 사람이나 대상이 잊히지 않고 계속 떠오른다는 뜻이에요. 그리움에 자꾸 마음이 쓰이는 것이지요.

▪ 오늘 온 전학생이 자꾸 눈에 밟힌다.
▪ 집에 혼자 남은 동생이 눈에 밟혀서 마음 편히 놀지 못했다.

42 해가 서쪽에서 뜨다

#달라진_회장 #내가_알던_건오_맞아?

수빈 👤 2

수빈
요즘 송건오 180도 달라졌던데?
네가 뭐라고 했어?

루아
응. 떡볶이 먹으면서 잔소리 좀 했지. 😉
수빈이에게 다 떠넘기지 말고,
회장답게 굴라고.

수빈
어쩐지,
오늘은 떠드는 애들도 조용히 시키더라.
해가 서쪽에서 떴나 했지.

루아
송건오 은근 착해.
눈치가 없어서 그렇지.

수빈
어쨌든 고마워! 😊
덕분에 송건오가 정신 차리고 나도 좀 편해졌다.

루아
고맙긴.

수빈
그나저나 유진이랑 예린이 화해는 아직이야? 😟

루아
응. 😢

이러다 평생 싸운 채로 지내면 어쩌지?

쉿! 루아의 마음 일기

민준이 자전거를 같이 찾으러 다니면서 건오랑 부쩍 친해졌다. 나도 이런 날이 올 줄은 몰랐다. 여전히 고사성어를 안다고 까불까불하는 건 봐 주기 힘들지만, 유진이와 예린이의 빈자리를 채워 줘서 고맙다. 그래도 나는 우리 삼총사가 그립다. 다시 유진이, 예린이랑 웃고 떠들고 싶다.

똑똑 관용어

해는 동쪽에서 떠서 서쪽으로 져요. 해가 서쪽에서 뜨는 일은 절대 있을 수 없는 일이지요. 전혀 예상 밖의 일이 일어났을 경우에 '해가 서쪽에서 뜨다' 라고 해요.

- 숙제를 미리 해 놓다니 해가 서쪽에서 뜰 일이야.
- 해가 서쪽에서 떴나, 늘 더러웠던 방이 아주 깨끗하네.

43 귀가 얇다

#택배_전쟁 #아빠_귀는_팔랑귀

♥ 우리 가족 ♥ 👤 4

루아

이게 다 뭐야? 😮

아빠

몰래 시킨 건데, 여기에 사진 올리면 어떻게 해!

엄마

당신 쇼핑 좀 그만하랬지!

또 축구 동호회 때문에 산 거지?

아빠

어쩔 수 없어. 옷이랑 축구화랑 다 필요해.

엄마
있는 거 쓰면 되지. 하여튼 **귀가 얇아서**…….

아빠
맞아. 내 귀는 팔랑귀야.

사람들이 좋다고 하는건 다 사고 싶어.

로운
아빠 팔랑귀 인정!

나도 아빠 닮음.

쉿! 루아의 마음 일기

우리 집에 온 택배는 대부분 아빠 거다. 아빠는 귀가 얇아서 남들이 좋다고 하는 물건이 있으면 다 따라 사신다. 아빠 별명은 팔랑귀! 대신 엄마는 반대다. 엄마의 귀를 열게 하기란 정말 어렵다. 이렇게 다른데 엄마 아빠는 어떻게 서로 사랑하게 됐을까?

똑똑 관용어

'귀가 얇다' 또는 '귀가 엷다'라는 말은 남의 말을 쉽게 받아들이는 사람에게 써요. 귀가 종이처럼 얇아 모든 말을 다 흡수한다는 것이지요. 자신의 의견이 없고 남의 말에만 의존하는 사람을 낮추어 이를 때 쓰기도 한답니다.

▶ 친구는 **귀가 얇아서** 먹고 싶은 메뉴가 계속 바뀌었다.

▶ 나는 **귀가 얇아** 친구들의 물건을 따라 사곤 한다.

44 속이 타다

#질투의_화신 #이런_모습_처음이야

시후 2

시후

아까 무지개 분식에서 너 봤어.

루아
그래? 😮
왜 알은체 안 했어?

시후

같이 있던 남자애 누구야?

루아
아, 송건오?

시후

너무 다정해 보이던데, 무슨 사이야?

루아
친구 사이지.
뭐야? 질투해? 😉

시후

몰라. 이게 질투인가?
속이 탔어. 😭

루아
> 강시후 귀엽네. 😊
> 걔랑 아무 사이 아니야.

시후
> 그럼 됐어.
> 내일 나랑도 무지개 분식 가자.

루아
> 좋아! 거기 떡볶이 진짜 맛있어!

루아의 마음 일기

시후가 질투하는 건 처음 봤다. 세상에, 정말 귀엽다. 시후가 워낙 태권도를 잘하고 멋있어서 다른 여자애들이 시후 팬클럽을 만든 적이 있었다. 그때 나도 질투가 나고 속이 탔다. 그나저나 송건오랑 나를 의심하다니, 그건 정말 황당하다.

 똑똑 관용어

'속'은 품고 있는 마음이나 생각을 말해요. '타다'는 마음이 매우 조급하고 불안하다는 뜻이고요. 그래서 '속이 타다'는 걱정이 되어 마음이 조마조마하고 불안할 때 써요. 비슷한 관용어로 '속이 끓다'도 있어요.

🔖 날은 어두워지는데 마지막 버스마저 놓쳐서 **속이 탔다**.
🔖 접시를 깨고 엄마한테 혼날까 봐 **속이 탔다**.

45 국물도 없다

#게임_중독자의_최후 #오빠_맞아?

로운 2

루아
오빠 또 게임 아이템 샀지?
아빠한테 이를 거야.

로운
야, 말하지 마!
그럼 넌 진짜 배신자야!

루아
내 마음이지롱! 오빠 약점 잡았다.

로운
이르기만 해 봐! 게임기 안 빌려줄 거야!
국물도 없을 줄 알아.

루아
쳇, 치사하다.
나는 게임 조금밖에 못 하는데.

로운
그 조금도 못 할 수 있다는 거지.

> 루아
> 그래! 비밀 지켜 줄게.
> 대신 나 지금 게임 할래.

로운
> 알겠어.

> 루아
> 히히, 신난다!

쉿! 루아의 마음 일기

　오빠는 게임을 심하게 좋아한다. 좀 안 하는 것 같더니 요즘 다시 빠지기 시작했다. 공부하느라 스트레스를 받아서 그렇단다. 공부를 아주 열심히 하는 것도 아니면서 말이다. 내 생각에 오빠가 게임 다음으로 잘하는 건 '핑계 대기' 같다. 매일 공부 스트레스 핑계를 댄다. 어쨌든 오늘 게임기는 내 차지다! 신난다!

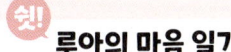 똑똑 관용어

'국물'은 국이나 찌개에서 건더기를 뺀 물을 이르기도 하지만, 어떤 일의 대가로 작게나마 생기는 이득을 뜻하기도 해요. 그래서 '국물도 없다'는 돌아오는 몫이나 이득이 아무것도 없을 때 쓰지요.

▪ 열심히 일했지만, **국물도 없었다.**
▪ 너 자꾸 그렇게 요령 피우면 **국물도 없어!**

46 등을 떠밀다

#그리운_삼총사 #좋은_생각이_번쩍!

민준 2

민준
너 채유진하고도 싸웠어?

루아
응. 말하자면 길어.

민준
어쩐지…….
그런데 유진이 말이야,
너랑 예린이하고 싸우고 나서 외로워 보여.

루아
화해하면 좋을 텐데…….

민준
너희 삼총사는 영원할 줄 알았는데.
내가 유진이 만나서 이야기해 볼까?

루아
아니야.
괜히 유진이 **등 떠밀지 마**.

민준
하긴, 억지로 하는 건 안 좋지.

루아
우리 삼총사의 문제니까 우리가 직접 풀어야 돼.

 민준
오. 좋은 방법 있어?

루아
아직은 생각 중이야.

루아의 마음 일기

　오늘 아침 등굣길에서 유진이와 마주쳤다. 유진이는 날 보자마자 휙 돌아서서 빠른 걸음으로 가 버렸다. 일부러 나를 피하는 것 같았다. 내가 불편한가. 유진이에게 사과를 했는데도 받아 주지 않으니 답답하다. 이대로 가만히 있을 수는 없다. 분명 화해할 좋은 방법이 있을 거다.

똑똑 관용어

어떤 일을 억지로 시키거나 부추길 때 '등을 떠밀다'라고 해요. 갈 생각이 없는 사람의 등을 밀어 억지로 나아가게 하는 모양새에 비유한 것이지요.

▪ **등 떠밀려** 체육 대회 달리기 선수로 나가게 됐다.
▪ 간식을 사러 **등 떠밀려** 나오긴 했는데, 무엇을 사야 할지 모르겠다.

47 간발의 차이

#빵이_아니라_스티커! #유진이_너도?

★ 4-1 친구들 ★ 11

재하
새로 나온 몬스터 빵 먹어 본 사람?

도현
그거 구하기 너무 어렵던데? 😭

수빈
나는 몬스터 스티커 모아!

재하
나한테 빵 두 개 생겼는데, 먹을 사람?

민준
나! 나!

수빈
나도!

유진
나 먹을래!

재하
간발의 차이로 민준이랑 수빈이 당첨!
내 자리로 와서 가져가!

유진
아깝다!

루아
헉, 톡 지금 확인함.

나도 그 빵 먹고 싶었는데.

재하
다음에 또 생기면 말해 줄게!

루아
그땐 내가 제일 먼저 톡해야지.

루아의 마음 일기

요즘 몬스터 빵이 유행이다. 빵 안에 들어 있는 스티커 때문이다. 나는 고작 3개를 모았다. 빵을 구하기가 너무 어려워서 엄마 아빠한테 부탁해 다른 동네에 있는 편의점까지 갔었다. 그런데 오늘 보니 유진이도 스티커를 모으나 보다. 딱 걸렸어!

똑똑 관용어

'간발'은 아주 잠시, 또는 아주 적음을 뜻하는 말이에요. 그래서 '간발의 차이'는 엇비슷한 정도의 아주 작은 차이를 이르지요.

▪ 나는 **간발의 차이**로 교문을 통과하며 지각을 면했다.
▪ **간발의 차이**로 콘서트 앞자리에 앉는 데 성공했다.

48 발바닥에 불이 나다

#화해_분위기 #사실은_나도_그리웠어

유진 2

유진
루아야, 고마워.

우리 집 앞에 몬스터 빵 놓고 간 거 봤어. 😭

루아
내가 그거 구하려고 **발바닥에 불이 나게** 돌아다녔어.

이제 나 용서해 주는 거지? 😭

유진
용서는 무슨…….

사실 그렇게 화낼 일도 아니었는데, 미안해.

너랑 싸우고 너무 외로웠어. 😭

루아
뭐야. 😭

그러면 먼저 와서 말 걸지!

유진
너랑도 멀어질까 봐 무서웠어.

나한테 우리 삼총사가 얼마나 소중한데…….

루아
> 바보.
> 예린이하고도 얼른 화해해.
> 얼른 우리 삼총사 뭉치자.

유진
> 예린이랑 화해는……
> 조금 더 생각해 볼게.

쉿! 루아의 마음 일기

유진이네 집 앞에 몬스터 빵과 함께 사과의 쪽지를 써서 놓고 왔다. 곧 유진이에게 연락이 왔다. 사실 유진이도 내가 그리웠다고 한다. 그 말을 들으니 나도 모르게 눈물이 났다. 이제 다시는 유진이랑 싸우지 않을 거다. 또 눈물이 나올 것 같네.

똑똑 관용어

'발바닥에 불이 나다'는 발바닥에 불이 날 정도로 급하게 여기저기 돌아다닌다는 뜻이에요. '발바닥에 불이 일다'라고도 해요.

- 준비물을 사러 **발바닥에 불이 나게** 돌아다녔다.
- **발바닥에 불이 일도록** 매미를 잡으러 다녔다.

49 눈코 뜰 사이 없다

#엄마의_출장 #엄마_힘내세요!

엄마 2

엄마
엄마 내일 부산으로 출장 가.

루아
또? 지난달에도 갔잖아.
엄마 엄청 바쁘다.

엄마
요즘 **눈코 뜰 사이 없이** 바쁘네.
루아랑 자주 못 놀아 줘서 미안해.

루아
아빠가 놀아 주니까 괜찮아! 😊
그런데 엄마, 아빠 또 택배시켰다.

엄마
응. 엄마도 봤어.
아침에 출근하는데 현관문 앞에 쌓여 있더라. 😅

루아
이번에는 홈쇼핑에서 프라이팬 샀대.

엄마
아빠 요즘 쇼핑 너무 많이 하는 것 같아.

루아
맞아. 맨날 아빠 택배가 와 있어.
홈쇼핑 채널이 제일 재밌대.

엄마
아빠한테도 잔소리 좀 해야겠네.

쉿! 루아의 마음 일기

우리 엄마는 워킹 맘이시다. 회사 일을 아주 열심히 하신다. 내가 태어나기 전부터 다닌 회사라고 하니, 아주 오래 다니신 것 같다. 엄마가 회사를 다니지 않고 집에 있으면 어떨까 하는 상상도 해 보았다. 엄마랑 같이 있는 시간이 길어서 좋을 것 같다. 그런데 난 회사 다니는 엄마도 멋지고 좋다. 나도 나중에 엄마처럼 돼야지!

똑똑 관용어

눈을 뜨고 코로 숨 쉴 시간조차 없다면 얼마나 바쁜 것일까요? '눈코 뜰 사이 없다'는 이처럼 정신 못 차리게 바쁠 때 써요.

▪ **밀린 숙제 하랴 시험 공부 하랴 눈코 뜰 사이 없이 바빴다.**
▪ **새 학기가 되면 눈코 뜰 사이 없이 바쁘다.**

50 군침이 돌다

#고양이_간식_만들기 #이모는_만능_요리사

이모 👤 2

이모
고양이 간식 만들었는데, 좀 가져갈래?

루아
이모가 직접 만들었어?

이모
응. 닭 가슴살이랑 연어로 했어.
내가 먹어도 될 것 같아. 😊
보면 볼수록 **군침이 도네**!

루아
이모는 빵도 잘 굽고 고양이 간식도 잘 만드네?

이모
그러게. 고양이 간식 가게를 열까?

루아
나는 찬성이야! 😊
어쨌든 나 지금 이모네로 간다!

이모
루아가 좋아하는 빵도 구워 놨으니까 얼른 와!

루아
설마…… 치즈케이크 구웠어?

이모

응! 😊

루아
이모 사랑해! ♥

쉿! 루아의 마음 일기

이모네 집에는 고양이 뚜뚜가 산다. 유기묘였던 뚜뚜는 이모네 집에 와서 봄이를 낳았다. 나는 이모네 가서 뚜뚜도 만나고 고양이 간식도 얻었다. 봄이는 이모가 직접 만든 간식을 신나게 먹었다. 아주 맛있어 보였다.

똑똑 관용어

'군침'은 공연히 입 안에 도는 침을 말해요. '군침이 돌다'는 식욕이 나거나 이익, 재물에 욕심이 생긴다는 뜻이지요.

- 식당에 들어서자마자 달콤한 냄새에 **군침이 돌았다**.
- 옷가게에서 예쁜 옷을 보니 **군침이 돌았다**.

51 코가 납작해지다

#정의의_태권_소년 #예의_바른_운동의_진수

시후 2

시후
나 오늘 6학년 형을 이겼어.

루아
뭐야, 싸웠어?

시후
아니. 태권도 연습했어.

루아
너보다 2살이나 많은데 이겼다고? 대단한데!

시후
맨날 동생들 무시하는 형이었거든.
내가 **코를 납작하게** 해 줬지.

루아
코를 때렸다는 거야?

시후
아니.
그 형이랑 대련을 했거든.
내가 점수를 더 많이 따서 이겼어.

루아
역시 강시후! 👍

시후

나 멋지지? 기분 좋다!
우리 지금 잠깐 만나서 놀까?

루아
좋아! 이따 네 시에 공원에서 봐!

쉿! 루아의 마음 일기

시후는 태권도가 예의 바른 운동이라서 좋다고 했다. 주먹을 쥐고 발차기를 하는데 뭐가 예의 있다는 거지? 이해가 안 갔다. 하지만 시후가 예의 바른 아이인 건 확실하다. 시후는 태권도를 잘한다고 잘난 척하거나 친구들과 싸우는 법이 없다. 딱 하나! 예의 없는 사람의 코를 납작하게 해 줄 때만 빼고 말이다.

똑똑 관용어

우리 신체 부위 중 '코'는 기세와 체면을 의미해요. '코가 납작해지다'는 매우 무안을 당하거나 기가 죽어서 체면이 뚝 떨어졌을 때 쓰지요. 반대로 '코가 높다'는 잘난 체하고 뽐내는 기세가 있다는 뜻으로 쓰여요.

🚩 이번 대회에서 모두의 **코를 납작하게** 해 줄 것이다.
🚩 자신만만하게 나갔던 오빠는 **코가 납작해져서** 돌아왔다.

52 눈독을 들이다

#민트초코_♥ #삼총사는_언제_모이지?

유진 2

유진
나 민트초코 운동화 샀어!

루아
부럽다. 걸 그룹 민트초코 언니들이 신은 거지?

유진
맞아. 엄마한테 사 달라고 엄청 졸랐어.
일주일 내내 조른 듯.

루아
나도 갖고 싶어서 **눈독 들이고** 있는데…….

유진
눈독만 들이지 말고 너도 엄마한테 말해 봐.

루아
우리 엄마는 안 사 줄 거야.

예린이도 민초 좋아하는데, 대화방 초대할까?

유진
갑자기 무슨 예린이야.

루아
같이 민초 얘기 하면 좋잖아.

유진
나는 아직 예린이가 불편해.

루아의 마음 일기

유진이의 마지막 말이 머릿속을 맴돈다. 나는 유진이와 오해를 풀고 다시 친하게 지내는 중이다. 하지만 유진이는 아직 예린이와 화해할 생각이 없나 보다. 우리 삼총사가 같이 민트초코 운동화를 신고 놀면 좋을 텐데. 그런 날이 오긴 할까?

###

'눈독'은 욕심내어 눈여겨보는 기운을 말해요. 그러니 '눈독을 들이다'는 무언가를 욕심내어 눈여겨보는 행위를 뜻하지요.

- 자리 바꾸는 날, 나는 창가 자리를 눈독 들였다.
- 동생이 내 새 가방에 눈독을 들이는 걸 알고 있다.

53 쥐도 새도 모르게

#사라진_곶감 #범인은_바로_야옹?

외할머니 👤 2

외할머니
루아 준다고 마당에서 말리던 곶감이 사라졌어.

루아
사라졌다고? 😮

나 곶감 진짜 좋아하는데!

외할머니
쥐도 새도 모르게 사라졌어!

루아
쥐나 새가 먹은 거 아니야? 🐱

나 지금 이모랑 같이 있는데,

이모가 길고양이가 가져간 거 같대.

외할머니
집 주변에 길고양이가 살긴 하지.

고양이가 곶감을 먹어도 되나?

루아
이모가 먹어도 된대. 그다지 좋진 않지만.

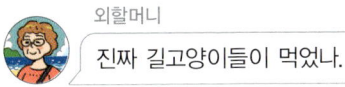 외할머니
진짜 길고양이들이 먹었나.

루아
길고양이들 사이에서도
할머니 곶감 맛있다고 소문났나 봐.
어쩔 수 없다, 내가 양보해야지.

루아의 마음 일기

할머니는 매년 곶감을 만드신다. 할머니의 곶감은 엄청나게 맛있다. 할머니는 사랑과 정성이 듬뿍 들어가서 그런 거라고 하셨다. 그런데 올해의 곶감은 고양이들에게 양보하게 되었다. (고양이가 아닐 수도 있음.) 아쉽지만 어쩔 수 없지.

 똑똑 관용어

'쥐도 새도 모르게'는 감쪽같이 행동하거나 처리하는 것을 말해요. 그래서 곳곳에 숨어있는 쥐와 하늘에서 세상을 한눈에 내려다보는 새도 그 경위나 행방을 모른다는 것이지요.

- 케이크 한 조각이 쥐도 새도 모르게 사라졌다.
- 나는 성적표를 쥐도 새도 모르게 숨겼다.

54 입에 달고 다니다

#소원을_이루는_비법 #말하면_이루어진다

아빠 2

아빠
아빠 택배 왔어?

루아
아빠, 택배 그만 좀 시켜!

아빠
루아가 좀 뜯어 봐.

루아
아빠 물건인데 내가 왜?
설마!

아빠
루아가 민트초코 운동화 갖고 싶다는 말을
입에 달고 다녔잖아.

루아
아빠! 사랑해요!

아빠
아빠보다 민초 언니들을
더 사랑하는 거 아니야?

루아

노노!

'아빠 사랑해'를 입에 달고 다녔는데 몰랐어?

아빠

정말이야?

루아

그럼! 오늘도 사랑한다고 백 번 말할 수 있어.

쉿! 루아의 마음 일기

　나도 드디어 민트초코 운동화가 생겼다. 얼마 전에 유진이가 산 걸 보고 엄마 아빠한테 사 달라고 몇 번 졸랐는데, 아빠가 진짜 사 주신 것이다. 우리 아빠 최고! 운동화를 신자 하늘을 나는 기분이 들었다. 곧장 유진이를 만나서 운동화를 맞춰 신고 민초 커버 댄스를 췄다. 마치 민초 멤버가 된 것 같았다. (민초 멤버 같다는 말은 비밀!)

똑똑 관용어

'입에 달고 다니다'는 말이나 이야기 따위를 습관처럼 되풀이한다는 뜻이에요. 같은 말을 너무 자주 해서 그 말이 입에 달린 것 같다는 것이지요. 먹을 것을 입에서 떼지 않고 지낸다는 뜻으로도 쓰여요.

▎친구가 졸리다는 말을 **입에 달고 다닌다**.
▎나도 모르게 젤리나 사탕을 **입에 달고 다녔다**.

55 발목을 잡다

#마을_지도_그리기 #너의_도움이_필요해

예린 2

루아
> 너 사회 숙제 다 함?

예린
> 우리 마을 지도 그리기? 😭

> 그 숙제에 **발목을 잡혀서** 다른 숙제도 못 하고 있어.

루아
> 우리 같이 하자!

예린
> 좋지!

> 사실 같이 하자고 말하고 싶었는데

> 괜히 네 **발목 잡는** 것 같아서 말 못 했어.

루아
> 무슨 소리야! 같이 해!

예린
> 휴, 다행이다. 루아 네가 있어서.

루아
> 유진이도 부를까?

예린
그냥 유진이랑 둘이 사이좋게 그래!
나는 빠져 줄게! 😠

루아
뭐야! 또 화났어?

예린
맨날 유진이, 유진이! 너는 유진이밖에 몰라!

루아의 마음 일기

우리 삼총사가 힘을 합치면 금방 끝날 숙제였다. 예린이는 눈썹미가 좋고, 유진이는 그림을 잘 그린다. 나는…… 우리 앞을 막는 사람한테 큰소리를 떵떵 칠 수 있다. 혼자 힘없이 지도를 그리고 있는데 민준이를 마주쳤다. 민준이랑 자전거를 타고 난 뒤 겨우 숙제를 끝낼 수 있었다. 휴.

똑똑 관용어

누가 내 발목을 꽉 잡고 있다면 앞으로 나아가지 못하고 답답할 거예요. '발목을 잡다'는 어떤 일에 잡혀서 벗어나지 못하게 하다, 또는 남의 약점을 잡았다는 뜻으로 쓰여요.

▌ 바쁜 일에 **발목이 잡혀서** 잠을 못 잤다.
▌ 그날 일은 약점이 되어 내 **발목을 잡았다**.

56 눈이 삐다

#사랑과_재채기는_못_숨겨! #송건오의_짝사랑

건오 2

건오
너 요즘 박수빈이랑 친하더라?

루아
그게 뭐?

건오
박수빈은 뭐 좋아해?

루아
박수빈은 너 안 좋아해.

건오
누가 나 좋아하냐고 물었냐?

루아
딱 보니까 너 수빈이한테 관심 있지? 😏

건오
내가 눈이 삐었냐?
아니야! 안 좋아해!

루아
맞네. 맞아. 송건오 짝사랑 딱 걸렸어.

건오
아니거든! 😡

루아
너 수업 시간에 박수빈만 쳐다보잖아.
내가 다 봤거든! 😏

건오
네 **눈이 삐었네!** 아니야!

쉿! 루아의 마음 일기

바람둥이 송건오가 짝사랑에 빠졌다. 상대가 박수빈이라니! 내 눈에 딱 보였다. 하지만 수빈이는 건오에게 관심이 조금도 없다. 오히려 건오가 반 회장이 되고 수빈이가 부회장이 되면서, 수빈이는 건오를 더 싫어하게 됐다. 그러게 송건오 잘 좀 하지!

똑똑 관용어

'삐다'는 뼈가 꺾이거나 어긋난 상태를 말해요. 눈이 삐었다는 것은 무언가를 잘못 보고 있다는 뜻이지요. 뻔한 것을 잘못 보고 있을 때 이를 비난조로 이르는 말이에요.

▪ 그런 사람을 좋아하다니, 너 **눈이 삐었구나**?
▪ 분명 책상 위에 머리핀이 있는 걸 봤는데 내 **눈이 삐었나**?

57 머리털이 곤두서다

#겁쟁이_오빠의_비명 #가족_호러극

로운 2

로운
이루아, 너 자꾸 장난칠래?

루아
무슨 장난? 😮

로운
네가 계속 내 방문 두드리고 도망갔잖아!

루아
무슨 말이야?
나 지금 엄마랑 마트 왔는데?

로운
그럼 아빠인가?

루아
아빠는 회식이라 늦잖아.
지금 집에는 오빠 혼자야.

로운
거짓말!
나 지금 **머리털이 곤두섰어!**

루아

헉!

귀신이 오빠 머리카락 잡아당기나 보다.

 로운

이상한 소리 하지 마!

나 무섭다고! 😭

루아

겁쟁이 이로운. 😂

쉿! 루아의 마음 일기

오빠를 놀리려고 거짓말을 했다. 아빠는 회식이고 엄마는 마트에 간 게 맞지만, 나는 오빠 방문 앞에 있었다. '똑똑' 오빠 방문을 두드린 다음 숨고, 다시 두드린 다음 숨기를 반복했다. 왜 방문을 닫아 놓는 거지? 자꾸 두드려 보고 싶게 말이야.

 똑똑 관용어

'곤두서다'에는 '거꾸로 꼿꼿이 서다'와 '신경 따위가 날카롭게 긴장하다'라는 두 가지 뜻이 있어요. '머리털이 곤두서다'는 너무 무섭거나 놀라서 신경이 날카롭게 긴장한 상태를 가리키는 말이에요.

- 공포 영화를 보는 내내 **머리털이 곤두서는** 기분이었다.
- 친구가 갑자기 튀어나와서 너무 놀라 **머리털이 곤두섰다**.

58 미역국을 먹다

#태권_소년의_눈물 #가끔_실패해도_괜찮아

시후 2

루아
너 프로필 사진 왜 그래?

시후
혼자 있고 싶어.

루아
무슨 일 있어?

시후
태권도 심사 미역국 먹었어. 😭

루아
응? 태권도장에서 미역국을 먹었다는 거야?
너 생일은 11월 아니야?

시후
시험에서 떨어졌다고. 😭

루아
헉! 😮 엄청 열심히 준비했잖아.

시후
그래서 더 좌절이야.

> 루아
> 다음에는 붙을 거야.
> 너는 내가 아는 사람 중 태권도를 제일 잘하니까!

 시후
> 위로해 줘서 고마워.
> 오늘은 그냥 이불 속에 누워 있을래.

> 루아
> 알겠어. 혹시 심심하면 연락해. 😘

루아의 마음 일기

  예전에 아빠가 승진 시험을 보는 날 아침에 미역국을 안 먹겠다고 한 적이 있었다. 미역국이랑 시험은 정말 안 맞나 보다. 시후가 이렇게 속상해하는 건 처음 본다. 풍뎅이 10마리에게 공격을 당한 것처럼 슬퍼한다. 얼른 시후가 기운을 내면 좋겠다.

 똑똑 관용어

'미역국을 먹다'는 시험에서 떨어지거나 직위에서 밀려나는 경우, 퇴짜를 맞았을 때 써요. 미끌미끌한 미역을 밟고 넘어지는 모습에 비유한 말이지요.

▪ 중요한 시험에서 **미역국을 먹었다.**
▪ 용기 내서 고백했는데 **미역국을 먹었다.**

59 발 벗고 나서다
60 팔을 걷어붙이다

#너의_부탁이라면_뭐든 #다시_화해_모드?

예린 2

예린
나 유튜브 영상 새로 올렸어.

루아
안 그래도 방금 알람 왔어.
내가 **발 벗고 나서서** 다른 친구들한테도 홍보할게.

예린
진짜? 고마워! 🙂
지난번에 톡하다가 갑자기 화내서 미안.
유튜브 때문에 요즘 내가 예민한 것 같아.

루아
아니야. 다 이해해!
그런데 예린아, 나 부탁이 있는데!

예린
뭔데?
나도 **팔 걷어붙이고** 도와줄게!

루아
도와줄 건 없고…….

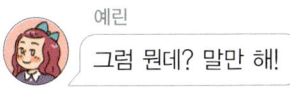

예린
그럼 뭔데? 말만 해!

루아
이번 주 토요일에 나랑 도자기 만들러 갈래?

예린
좋아! 꼭 갈게! 😍

루아의 마음 일기

예린이 유튜브는 인기가 별로 없다. 유진이와 비교가 되는 바람에 둘 사이는 더 나빠지고 말았다. 저번에는 큰 소리 내며 싸우기까지 했다. 하지만 둘을 화해시킬 좋은 방법이 떠올랐다. 깨진 우정도 새로 만든 도자기처럼 깨끗하게 붙이는 방법!

 똑똑 관용어

'발 벗고 나서다'는 적극적으로 나서는 모습을 두고 하는 말이에요. '팔을 걷어붙이다'도 옷소매를 말아 올리며 적극적으로 일할 태세를 갖추었다는 의미로 쓰이지요.

🔖 홍수로 피해 본 이재민을 위해 **발 벗고 나섰다**.

🔖 친구를 위한 일이라면 **발 벗고 나설** 준비가 돼 있다.

🔖 대청소를 하려고 온 가족이 **팔을 걷어붙였다**.

🔖 반 아이들은 유기견 봉사활동에 **팔을 걷어붙였다**.

 # 깨진 우정 붙이기

* 만화 속 틀린 관용어를 찾아보아요.

61 골탕을 먹이다

#오해는_오해를_부르고 #상처는_상처를_부른다

예린 2

루아
우예린! 그렇게 가 버리면 어떻게 해!

예린
내 말 무시해? 😡
채유진이랑 같이 있기 싫다고!

루아
난 너희 둘 화해시키려고 했지!

예린
일부러 나 **골탕 먹인** 거지?
너랑 채유진 둘이 짜고 그런 거잖아!

루아
골탕을 먹이다니!
내가 얼마나 고민해서 부른 건데.

예린
넌 내 마음 하나도 이해 못 해.

루아
너도 내 마음 좀 이해해 주면 안 돼?

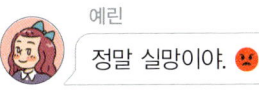
예린
정말 실망이야. 😡

루아
나도 너한테 실망이다!
내가 너희를 화해시키려고 얼마나 노력했는데!
우리 삼총사 우정이 고작 이 정도였다니.

예린
이제 연락하지 마!

쉿! 루아의 마음 일기

　나의 완벽한 계획은 완벽하게 망하고 말았다. 유진이는 전화도 안 받는다. 둘 다 나에게 단단히 화가 났다. 하지만 나도 화난다! 그동안 꾹 참고서 둘을 화해시키려고 노력했지만, 화해는커녕 둘 다 내 탓만 하고 있다. 나도 섭섭하다고! 나도 삐뚤어질 거다.

 똑똑 관용어

'골탕'은 한꺼번에 크게 당하는 손해나 곤란을 뜻해요. 그러니 '골탕을 먹이다'는 상대가 큰 손해나 낭패를 당하게 만든다는 의미지요.

▪ 나를 **골탕 먹이다니**, 가만두지 않겠어!
▪ 그 영화에서는 악당이 계속 **골탕을 먹어서** 재밌어.

62 코웃음을 치다

#나도_갖고_싶어 #최신형_휴대폰

로운 2

로운: 너 휴대폰 언제 샀지?

루아: 작년 11월에 샀어. 왜?

로운: 너 작년에 휴대폰 샀으니까
올해는 나 휴대폰 바꿔 달라고 하면,
엄마가 바꿔 줄까? 😅

루아: 과연……
게임 중독자 말을 들어줄까? 😏

로운: 너 지금 **코웃음 치냐**?

루아: 어떻게 알았어?

로운: 두 살이나 많은 오빠를 비웃는 거야?

루아
> 오빠 휴대폰 바꾼 지 얼마 안 됐잖아.
> 게임 때문에 바꾸려는 거 모를 줄 알아?

로운

> 들켰다. 😵

루아
> 사실 나도 휴대폰 바꾸고 싶긴 해.

루아의 마음 일기

우리 반에는 휴대폰이 없는 아이도 많다. 하지만 오빠랑 나는 엄마 아빠가 회사에 다니기 때문에 일찍 휴대폰을 사게 되었다. 그래도 비싼 최신형 휴대폰을 마음대로 가질 수 있는 건 아니다. 오빠를 놀리기는 했지만, 솔직히 나도 새 휴대폰을 갖고 싶다.

 똑똑 관용어

'코웃음'은 콧소리를 내거나 코끝으로 가볍게 웃는 비난조의 웃음을 말해요. '코웃음을 치다'는 남을 깔보고 비웃는다는 뜻이지요.

- 상대를 앞에 두고 **코웃음 치는** 건 예의 바르지 않은 행동이다.
- 체육 시간에 내가 넘어지자 옆 반 애가 **코웃음을 쳤다**.

63 배가 등에 붙다

#4교시가_체육인_날 #급식_메뉴는_갈비찜

★ 4-1 친구들 ★ 👤 11

미주
내일 급식은 갈비찜이야!

수빈
오! 맞다! 😀

현호
갈비찜! 말만 들어도 행복함. 😁

민준
내일은 4교시가 체육이라서 더 배고파.

루아
맞아. 체육 끝나면 **배가 등에 붙어!**

건오
완전 등에 달라붙지.

준수
나 오늘 저녁에 고기 먹었는데,
내일 또 먹을 수 있어.

민준
나도 고기는 매일 먹을 수 있음.

수빈
그런데 내일 체육 시간에는 뭐하지?

 미주
기억이 안 나.

 현호
짝 피구였나?

루아
짝 피구?

나 짝 피구 완전 자신있는데!

쉿! 루아의 마음 일기

화요일은 4교시가 체육이다. 그래서 4교시가 끝나고 나면 다들 좀비처럼 느릿느릿 걸어 교실로 간다. 하지만 음식 냄새에 점점 콧구멍이 커진다. 콩나물이랑 시금치만 나와도 허겁지겁 맛있게 밥을 먹을 수 있을 것 같은데, 갈비찜이라니! 기대된다.

 똑똑 관용어

'배가 등에 붙다'는 먹은 것이 없어서 배가 등과 닿을 만큼 홀쭉해졌다는 의미예요. 배가 매우 고프고 허기질 때 쓰는 말이지요.

▌ 점심 식사를 걸러서 지금 **배가 등에 붙었다**.

▌ 어찌나 배가 고픈지, **배가 등에 붙는** 것 같았다.

64 허리띠를 졸라매다

#외할머니의_생신 #아주_특별한_선물

외할머니 2

루아
할머니 다음 주 토요일에 놀러 갈게!
할머니 생신이잖아요.

 외할머니
힘들게 여기까지 와 준다니, 고맙네.
마침 우리 루아랑 로운이 보고 싶었어.

루아
내가 준비한 선물도 기대해!

 외할머니
루아가 무슨 돈이 있어서 할머니 선물을 샀어?

루아
선물 사려고 **허리띠를 졸라맸지.**
보고 깜짝 놀라지 마!

 외할머니
루아가 무슨 선물을 준비했을까?

루아
세상에 하나밖에 없는 특별한 거!

외할머니
그렇게 말하니 더 궁금하네. 뭘까?

루아
아직은 비밀! 얼른 만나서 주고 싶다. 😘

외할머니
할머니도 얼른 루아 보고싶다.
그럼 다음 주 토요일에 봐요!

쉿! 루아의 마음 일기

나는 도자기 공방에서 만든 컵을 정성스럽게 포장했다. 그날 삼총사가 싸우고 뿔뿔이 흩어졌지만, 할머니의 선물은 완성했다. 사실 선물을 사기 위해서가 아니라 만들기 위해 허리띠를 졸라맸다. 컵에 '현희 ♥'라고 글자도 새겼다. 우리 할머니 이름이다. 송현희. 할머니가 보면 많이 좋아하시겠지? 세상에서 하나뿐인 컵이니 말이다.

 똑똑 관용어

'허리띠를 졸라매다'는 마음먹은 일을 이루기 위해 새로운 결의와 단단한 각오로 일에 임하거나 돈을 아끼려고 검소하게 생활한다는 뜻이에요. 배고픔을 참을 때도 쓰지요.

▶ 지난달 **허리띠를 졸라맨** 덕분에 새 게임기를 살 수 있었다.
▶ 냉장고가 텅텅 비어서 **허리띠를 졸라매야** 했다.

65 배꼽이 빠지다

#빠진_배꼽_찾아요 #웹툰_좋아!

시후 2

시후
웹툰 〈요즘 어린이 탐험단〉 너무 재미있어!

루아
나도 그거 알아!
5화까지 봄! 🙂

시후
나는 이제 3화 보고 있는데,
너무 웃어서 배가 아프다.

루아
진짜 배꼽 빠지지?

시후
응! 완전 재미있어!
이 작가님 다른 웹툰도 재미있더라.

루아
오, 그래?

시후
이따가 학원 끝나고 같이 볼래?

루아

좋아!

요즘 유진이, 예린이 때문에 우울했는데

웹툰 보면 웃을 수 있어서 좋아.

시후

너무 신경 쓰지 마. 잘될 거야.

우리 같이 웹툰 보면서 **배꼽 빠지게** 웃자!

쉿! 루아의 마음 일기

시후가 추천해 준 웹툰을 보면서 깔깔댔더니, 배꼽이 빠질 듯했다. 시후는 재미있는 웹툰이 더 많으니 같이 보자고 했다. 아마 유진이와 예린이 일로 우울해하는 나를 위로해 주려 그런 것 같다. 우리는 학원이 끝나고, 떡볶이를 먹으며 웹툰을 볼 생각으로 무지개 분식에 갔다. 앗! 그런데 거기서 유진이랑 민준이를 마주쳤다. 정말 어색했다.

 똑똑 관용어

아주 많이 웃어 본 적 있나요? 계속 웃다 보면 배가 아프고, 손은 자연스럽게 배꼽에 닿지요. '배꼽이 빠지다' 또는 '배꼽을 잡다'라는 말은 배가 아플 만큼 웃음이 날 때 써요.

- 휴대폰으로 **배꼽 빠지게** 웃긴 영상을 보았다.
- 얼마나 재미있던지, **배꼽 잡고** 웃다가 눈물까지 났다.

66 본전도 못 찾다

#어색한_만남 #네가_왜_거기서_나와?

민준 2

민준
아까 좀 어색했지?

무지개 분식에서 나랑 유진이랑 마주쳤을 때 말이야.

루아
좀 그랬지.

유진이랑 무슨 얘기 했어?

민준
그냥 유튜브 이야기만 했어.

너네 화해는 아직이지?

루아
화해시키려고

유진이랑 예린이를 도자기 공방에 불렀던 건데

더 사이가 나빠졌으니.

민준
본전도 못 찾았네.

루아
차라리 그날 만나지 말걸!

민준
그래도 노력했다는 게 중요하지!

그리고 나 유진이한테 유튜브에 대해서 좀 배웠어.

나도 유튜브 해 보려고!

루아
뭐라고? 유튜브?

민준
응! 건오도 같이 하겠대!

쉿! 루아의 마음 일기

무지개 분식에서 민준이, 유진이와 마주쳤을 때 나는 민준이에게만 인사를 했다. 그랬더니 유진이가 조금 당황한 것 같았다. 고소하다는 생각이 들 줄 알았는데, 뭔가 마음이 찌릿하고 아프다. 그나저나 민준이가 유튜브를 한다고? 이제 유튜브라면 보기도 싫다.

 똑똑 관용어

'본전'은 원가나 그것에 해당하는 돈, 처음 들인 돈을 말해요. '본전도 못 찾다'는 일한 결과가 좋기는커녕 오히려 안 한 것만도 못하게 됐다는 뜻이에요.

▪ 괜히 먼저 하겠다고 나섰다가 **본전도 못 찾았다**.
▪ 용돈을 올려 달랬다가 **본전도 못 찾고** 혼만 났다.

67 달밤에 체조하다

#전화_좀_받아 #이모의_연락_두절

이모 2

루아
이모!
이모!
이모 오늘 고양이 용품 가지러 갈게.
이모!
왜 연락 안 받아?
무슨 일 있어?

이모

휴. 루아야.
휴대폰을 잃어버려서 지금까지 찾으러 다녔어.

루아
이렇게 늦은 시간까지?

이모

공원 산책하다가 잔디밭에 떨어뜨린 것 같더라고.
뚜뚜처럼 기어 다니면서 찾아 다녔어.
달밤에 체조했지, 뭐.

루아

> 누가 보면 좀비인 줄 알았겠다. 😄

이모

> 그래도 이렇게 찾아서 다행이야. ✌️
> 루아야 그럼 내일 와.
> 주기로 했던 고양이 용품 내일 줄게.

루아

> 응. 내일 봐, 이모!

쉿! 루아의 마음 일기

오늘 이모가 뚜뚜가 쓰던 고양이 용품을 나눠 주기로 하셨다. 잔뜩 기대하면서 이모의 연락을 기다렸는데, 감감무소식이었다. 전화를 해도 받지 않으셨다. 이모에게 무슨 일이 생긴 것은 아닌가 걱정했는데, 알고 보니 휴대폰을 잃어버렸었다고 한다. 휴. 다행이다.

 똑똑 관용어

우리는 주로 낮에 신체 활동을 해요. 밤에 체조를 하는 건 어쩐지 부자연스럽지요. '달밤에 체조하다'는 달이 떠서 밝은 밤에 체조를 하는 상황으로, 격에 맞지 않은 짓을 한다고 핀잔하는 말이에요.

▪ 모기를 잡느라고 **달밤에 체조했다니까**.
▪ 밥 먹다가 갑자기 춤은 왜 추는 건데? **달밤에 체조하니**?

68 오지랖이 넓다

#오지랖이_아닌데 #잘못된_짝사랑

수빈 2

수빈
송건오 정말 이상해! 😡
자꾸 와서 간섭하고, 참견하고!
계속 귀찮게 해.

루아
건오가 뭐라고 했는데?

수빈
어제는 키 좀 크라고 딸기우유를 주더니,
오늘은 내 연필 잡는 법이 이상하다고
막 알려 주려는 거야.

루아
오지랖도 넓네. 🙂

수빈
내 말이!
자기나 잘하지.
왜 나한테 이래라저래라야?

> 루아
> 나는 건오의 진심을 알 것도 같은데?

 수빈
> 진심? 그게 뭐든 난 알고 싶지도 않아.
> 송건오 완전 비호감이야! 😠

> 루아
> 또 내가 나서야겠군. 😙

쉿! 루아의 마음 일기

나는 다 안다. 건오가 수빈이를 좋아해서 그러는 거라는 걸. 하지만 수빈이는 건오의 관심을 잔소리로 오해하는 것 같다. 나는 건오한테 톡을 걸어서 수빈이에게 그런 식으로 하지 말라고 조언했다. 그랬더니 나더러 오지랖이 넓다며 알아서 하겠다는 답장이 왔다. 누가 누구한테 오지랖이 넓대!

 똑똑 관용어

'오지랖'은 윗도리에 입는 겉옷 앞자락을 말해요. 이 앞자락이 너무 넓으면 안에 입은 옷과 몸을 감싸게 되는데, 남의 영역에 침범하는 행위를 빗댄 표현이지요. 그래서 '오지랖이 넓다'는 상관없는 일에 지나치게 참견하거나 염치없이 행동한다는 뜻으로 쓰여요.

▌ 할머니는 **오지랖이 넓어서** 동네 사람들 일이라면 기꺼이 나섰다.
▌ **오지랖 넓게** 남의 일에 참견하지 말라는 핀잔을 들었다.

69 손발이 맞다

#요가_시간 #엄마랑_쭉쭉_스트레칭

♥ 우리 가족 ♥ 👤 4

엄마
아까 루아랑 요가 했는데 너무 재미있었어. 🙂

로운
요가? 어디서?

엄마
안방에서 유튜브 보면서 했지.

루아
엄마랑 나랑 **손발이 척척 맞았어!**

엄마
응. 누가 엄마 딸 사이 아니랄까 봐.

루아
우리 눈빛만 보고도 딱 알잖아.

엄마
온몸이 아주 개운해. 🙂

루아
내일은 아빠랑 오빠도 같이 하자!
생각보다 재밌어!

아빠
나는 축구 동호회 가야 해.

로운이가 하면 되겠네. 🙂

로운
나는 다리 찢기 무서워서 안 할래!

루아
오빠는 운동 좀 해야 돼.

맨날 게임만 하지 말고.

 루아의 마음 일기

엄마는 종종 방에서 유튜브를 보며 요가를 하신다. 나는 그동안 구경만 하다가 오늘은 직접 요가에 도전했다. 엄마랑 손을 잡고 같이 몸을 이리저리 늘리다 보니 나도 모르게 "으악!" 하는 소리가 났다. 힘들지만 재미있었다. 왠지 키가 조금 더 자란 기분이다.

 똑똑 관용어

'손발이 맞다'는 함께 일을 하는 데 마음이나 의견, 하는 행동 등이 서로 잘 맞는다는 뜻이에요.

🚩 같이 일하는 사람과 **손발이 맞아야** 결과물도 좋지.

🚩 우리 가족은 **손발이 척척 맞아.**

70 숨 돌릴 사이도 없다

#톡톡_폭탄 #마음이_허전한_이유

민준 2

루아
민준아!
뭐 해?
학원이야?
심심해.
이민준!
야, 이민준!

민준
나 지금 영어 학원 끝나고 수학 학원 가는 중이야.
휴, 숨 돌릴 사이도 없네.
바쁘다, 바빠!
뭐야, 이 톡톡 폭탄은!

루아
뭐냐, 이민준 엄청 바쁘네.
유진이, 예린이랑 싸워서
마음이 허전해.

민준
나처럼 바쁘게 지내면
허전하다는 생각이 안 들걸?

루아
나도 엄청 바쁘거든?
얼른 학원이나 가.

루아의 마음 일기

물론 나도 바쁘다. 학원도 다니고, 봄이 밥도 챙기고, 시후도 만나야 한다. 엄마 아빠랑 놀고 외할머니랑 이모한테 톡도 보낸다. 그래도 가끔 마음이 허전하다. 유진이, 예린이가 그립다. 한편으로는 우리 삼총사의 추억을 망쳐 버린 두 사람이 밉기도 하다.

똑똑 관용어

'숨 돌릴 사이도 없다'는 가쁜 숨을 가라앉힐 여유도 없을 만큼 바쁜 상황을 말해요. '눈코 뜰 사이 없다'와 비슷한 뜻을 가지고 있지요.

▪ 요즘 아빠는 출장을 자주 다니느라 **숨 돌릴 사이도 없이** 바쁘다.

▪ 늦잠 자는 바람에 **숨 돌릴 사이도 없이** 학교로 뛰어 갔다.

71 침이 마르다

#칭찬_주고받기 #엄마들은_무슨_얘기를_할까?

엄마 2

엄마
아침에 빵집에서 유진이네 엄마랑 마주쳤어.

루아
나 유진이랑 싸웠는데…….

엄마
그래? 유진이네 엄마는 루아 칭찬하던데?
어쩜 그렇게 말도 야무지게 잘하느냐고,
입에 침이 마르도록 칭찬하더라.

루아
유진이네 엄마가 날 좋아하긴 해.
그래서? 엄마는 뭐라고 했어?

엄마
엄마도 입에 침이 마르게 유진이 칭찬을 했지.

루아
서로 칭찬해 줬네?
유진이네 엄마는 나 칭찬하고,
엄마는 유진이 칭찬하고!

엄마
그런데 유진이하고는 화해한 거 아니었어?

루아
이따가 엄마 퇴근하고 오면 다 말해 줄게.
엄청 긴 이야기야.

엄마
그래. 심각한 일이 아니었으면 좋겠네.

쉿! 루아의 마음 일기

우리 엄마랑 유진이네 엄마는 잘 아는 사이다. 가끔 서로 톡도 주고받는다고 한다. 그런데 유진이네 엄마는 나랑 유진이가 싸운 건 모르셨나 보다. 하긴 나도 엄마한테 말 안 했으니까. 엄마한테 도자기 공방에서 있었던 일을 말했더니, 엄마는 '시간이 약'이라는 수수께끼 같은 말을 하셨다. 무슨 뜻일까?

 똑똑 관용어

말을 많이 해서 입에 침이 마르는 경험을 해 본 적 있나요? '침이 마르다'는 다른 사람이나 물건에 대하여 되풀이해서 말한다는 뜻으로, 보통 칭찬을 크게 할 때 써요.

▶ 선생님이 입에 **침이 마르게** 회장을 칭찬했다.

▶ 엄마가 빙판길을 조심하라고 **침이 마르게** 당부했다.

72 손이 맵다

#찰싹_찰싹 #내_손맛을_보아라!

시후 2

시후
루아야 너 태권도 배워 보면 어때?

루아
나는 별로 관심 없는데?

시후
아까 말이야. 네가 나 때렸을 때…….

루아
뭐? 내가 언제 너 때렸어?

시후
때린 건 아니고 하이 파이브 할 때 느꼈는데,
너 손 맵더라.

루아
손이 맵다고? 고추장 맛이라도 느꼈어?

시후
손바닥이 얼얼하고 아팠어.

루아
뭐야, 고작 그거 가지고 아프다는 거야?

시후
너 손맛 장난 아니야.
태권도 배우면 잘할 거 같아.

루아
농담이지?

시후
하하하하! 🙂
당연하지! 농담이야.

쉿! 루아의 마음 일기

시후는 농담할 줄 모른다. 나랑 하이 파이브를 할 때 엄청 아팠던 게 분명하다. 세게 때린 것도 아닌데 왜 그러지? 나는 오빠한테 가서 내 손이 맵냐고 물어봤다. 오빠가 황당한 표정을 지으며 그걸 이제 알았느냐고 했다. 오빠를 때린 적도 없는데 어떻게 안다고! 억울해!

똑똑 관용어

매운 음식을 먹으면 혀가 얼얼해요. '손이 맵다'는 손으로 슬쩍만 때려도 얼얼할 만큼 아프다는 뜻이에요. 빈틈없고 야무지게 일을 해낸다는 뜻으로도 쓰지요.

■ 장난스럽게 내 등을 때리는 친구의 **손이 무척 매웠다**.

■ 언니는 **손이 매워서** 어려운 종이접기도 척척 해낸다.

73 두말하면 잔소리

#외할머니의_생신 #도자기_공방에서의_추억

아빠 2

아빠: 할머니 생신 케이크 뭐로 사지?

루아: 아빠! 작년에도 물어봐서 알려 줬잖아!

아빠: 미안, 미안.
루아가 다시 말해 줘. 😅

루아: 할머니는 티라미수 케이크 좋아해.

아빠: 확실해?

루아: 두말하면 잔소리지. 😤
그리고 할머니 폭죽은 싫어해.

아빠: 알지! 그것도 **두말하면 잔소리**!
지금 샀어. 엄마한테는 비밀이야.

루아
> 응! 얼른 할머니네로 가자!
> 들키지 않게 조심조심 와야 돼!

아빠

> 알았어. 조금만 기다려.

쉿! 루아의 마음 일기

오늘은 할머니 생신이다. 나는 도자기 공방에서 만들었던 컵을 선물로 준비했다. 할머니가 선물을 받고는 활짝 웃으셨다. 나는 컵을 만들면서 친구들과 싸운 이야기도 했다. 할머니는 친구들이 내 진심을 오해했던 것 같다고 위로해 주셨다. 할머니의 위로를 들으니 울컥했다.

똑똑 관용어

'두말'은 이랬다저랬다 하거나 이러니저러니 불평하고 덧붙이는 말이에요. '두말하면 잔소리'는 이미 말한 내용이 틀림없으므로 더 말할 필요가 없다고 강조하는 표현이랍니다.

- **두말하면 잔소리!** 너를 진심으로 좋아해.
- **두말하면 잔소리**겠지만 무지개 분식의 떡볶이는 정말 맛있어.

74 발길에 채다(차이다)

#단풍잎이랑_솔잎이랑 #낙엽_맛집_찾아요

★ 4-1 친구들 ★ 11

도현
자연물로 액자 만들기 다 한 사람?

유진
김도현 아직도 안 했어? 😮

수빈
지금 일요일 밤 아홉 시야. 주말 다 갔는데?

도현
알아. 낙엽이랑 솔잎 어디서 구해?

루아
단풍잎은 공원에 많아.

건오
나도 거기서 주웠어.
발길에 차일 정도로 많아.

미주
아까 건오 봤어. 열심히 줍던데? 😂

예린
솔잎은 학교 운동장에 많아!

도현
고마워!

숙제가 있는 걸 깜빡했어.

루아

김도현 또 덜렁거렸네.

도현
지금 나간다! 다들 고마워!

쉿! 루아의 마음 일기

　김도현만 등장하면 우리 반 단체 톡방이 숙제방으로 바뀐다. 맨날 숙제를 까먹고, 뒤늦게 톡방에 물어보기 때문이다. 정말 도현이답다. 나는 숙제로 쓰고 남은 솔잎과 단풍잎, 꽃잎을 도현이에게 가져다 주었다. 내일 생색 좀 내야지.

 똑똑 관용어

'발길'은 앞으로 움직여 걸어 나가는 발을 말해요. '발길에 채이다'는 발이 닿는 족족 차일 만큼 여기저기 흔하게 널려있다는 뜻이지요. 또는 천한 대우를 받거나 짓밟힌다는 의미로 쓰이기도 해요.

🔹 어딜 가나 편의점이 있어 **발길에 차일** 정도다.

🔹 **발길에 채도록** 쓰레기가 많아 깜짝 놀랐다.

75 시치미를 떼다

#공포의_마트_3층 #이제_속지_않아!

♥ 우리 가족 ♥ 👤 4

아빠
마트 갈 사람?

로운
나도 갈까? 뭐 사러 가는데?

엄마
루아는 안 갈래?

루아
뭔가 냄새가 나는데……. 😣

로운
방귀 뀜? 무슨 소리야? 😮

루아
엄마 아빠 **시치미 떼지** 마.
마트 3층에 있는 치과에 데려가려는 거지?

엄마
아닌데? 오늘은 문 닫을걸?

루아
또 **시치미 떼네**! 문 연 거 다 알아!

아빠
어떻게 알았지? 😮

엄마
우리 딸 진짜 눈치 빨라.

로운
하마터면 나도 속을 뻔했다.
이루아 덕분에 살았네.

쉿! 루아의 마음 일기

나는 이제 열한 살. 치과에 가도 울지 않는 나이가 됐지만, 속아서 치과에 가는 건 싫다. 결국 엄마 아빠와 마트, 아니 치과에 가고 말았다. 대신 아빠도 같이 검진을 받기로 했다. 의사 선생님은 나에게 양치질을 열심히 하라는 말만 하셨고, 아빠에게는 충치 치료를 받으라고 하셨다. 히히. 고소하다.

똑똑 관용어

자기가 하고도 아니한 체, 알고도 모른 체하는 태도를 '시치미'라고 해요. 그래서 '시치미를 떼다'라는 말은 자신이 하고도 하지 않은 체하거나, 알고 있으면서도 모르는 체하는 상황에서 쓰지요.

▌ 방귀 뀌어 놓고 **시치미 떼지** 마.

▌ 엄마의 물음에 나는 **시치미만 떼고** 서 있었다.

76 손에 익다

#유튜버_꿈나무 #길냥이_구조단

민준, 건오 3

민준
우리 유튜브에 놀러 와!

루아
뭐야, 진짜 유튜브 시작했어?

건오
나랑 민준이랑 같이 하기로 했어.

민준
유진이가 자기 채널에 홍보도 해 줌! 😊

루아
편집하고 자막 넣고 그런 것도 네가 해?

건오
응. 유진이가 다 알려 줬어.
이제 손에 익어서 잘해.

루아
벌써 영상이 올라왔네.

민준
루아야, 같이 하자! 네 도움이 필요해!

루아

나는 유튜브 얘기 듣기만 해도 피곤하다.

 건오

이루아 너 고양이 키우잖아. 도와줘.

루아

고양이?

 민준

응! 일단 무지개 분식으로 와!

루아의 마음 일기

도대체 무슨 유튜브를 한다는 거지? 귀찮긴 했지만, 일단 무지개 분식으로 갔다. 민준이와 건오는 무지개 분식 앞에서 휴대폰으로 무언가를 하고 있었다. 가까이 가 보니 까만 길고양이가 앞발을 절며 울고 있었다. 민준이와 건오는 길고양이 구하는 콘텐츠를 찍는 중이었다. 길냥이 구조단! 결국 나도 길냥이 구조단의 멤버가 되었다.

똑똑 관용어

'익다'라는 말은 열매나 씨앗이 여물 듯, 어떤 일을 자주 경험해서 서투르지 않다는 뜻으로 쓰여요. '손에 익다'는 일이 손에 익숙해졌다는 뜻이지요.

▪ 이제 양말 개는 법이 **손에 익었다**.

▪ 할아버지도 **손에 익었는지** 휴대폰을 곧잘 사용한다.

77 자취를 감추다

#인기_급상승_동영상 #사라진_길냥이

★ 4-1 친구들 ★ 👤 11

수빈
나 길냥이 구조단 유튜브 봤어!

유진
나도! 까만 고양이 귀엽고 안쓰럽더라. 😭

재하
결국 못 구한 거야?

건오
갑자기 **자취를 감췄어.** 😭

준수
자취를 감추다니? 사라졌다고?

민준
응. 그 주변을 샅샅이 뒤졌는데 안 보여.

루아
겁이 나서 어디로 숨은 것 같아.
멀리는 못 갔을 거야. 너무 걱정 마!

수빈
루아가 고양이 키워서 잘 아는구나!

루아
> 내가 좀 잘 알지.

민준

> 앞발을 다친 것 같아.
> 얼른 구해서 치료해 줘야겠어.

루아
> 내일 다시 한번 찾아보자.

쉿! 루아의 마음 일기

초코(까만 길냥이 이름, 건오가 지었다.)가 사라졌다. 민준이와 건오에게는 금방 찾을 수 있을 거라고 큰소리쳤지만, 사실 나도 걱정됐다. 그래서 고양이 박사 이모에게 물어봤다. 이모는 초코가 다시 돌아올 거고, 되도록 천천히 다가가라고 조언해 주셨다. 다리도 아픈 초코가 얼른 돌아오면 좋겠다. 초코야! 언니가 기다리고 있어!

 똑똑 관용어

'자취'는 어떤 것이 남긴 표시나 자리를 의미해요. '자취를 감추다'라는 말은 자신의 흔적을 남기지 않고 아무도 모르게 사라졌을 때, 혹은 어떤 사물이나 현상 따위가 없어지거나 바뀌었을 때 쓰지요.

 봄이 오자 붕어빵 가게가 **자취를 감추었다**.
 남자는 밥을 먹고 홀연히 **자취를 감추었다**.

78 가슴이 뜨끔하다

#우리_사이는_비밀! #엄마_몰래_데이트

시후 2

시후: 우리 내일 못 만나. 미안.

루아: 무슨 일 있어?

시후: 외삼촌네 가야 한대.

루아: 너도 꼭 가야 돼? 😭

시후: 안 그래도 엄마한테 가기 싫다고 했는데…….
여자 친구 만나러 가냐고 묻더라.
가슴이 뜨끔했어. 😨

루아: 나도 가슴이 뜨끔하네.
우리 사귀는 거 비밀이잖아.

시후: 엄마가 눈치챘나? 괜히 불안하네.

> 루아
> 엄마가 눈치챈 거면 너 혼나는 거 아니야?
> 너희 엄마 여자 친구 사귀는 거 반대하잖아.
> 여자 친구는 중학교 가서 사귀라고 했다며.

 시후
> 그러니까. 😭
> 엄마가 또 나 부른다.
> 이따 다시 연락할게.

쉿! 루아의 마음 일기

　시후 엄마는 시후가 나랑 사귀는 것을 모르신다. 그래서 우리는 몰래 만나는 중이다. 얼굴을 더 자주 보기 위해서 수학 학원도 같이 다니고 있다. 시후 엄마는 왜 여자 친구 사귀는 걸 반대하시는 걸까? 내가 생각해도 나는 백 점짜리 여자 친구인데! 좀 속상하다.

 똑똑 관용어

'가슴이 뜨끔하다'는 마음에 자극을 받아 깜짝 놀라거나 양심의 가책을 받는 상황에서 쓰는 말이에요. 여기서 '가슴'은 신체 부위가 아니라 마음을 뜻한답니다.

▪ **범인은 도망치다가 경찰과 마주치자 가슴이 뜨끔했다.**
▪ **갑작스러운 초인종 소리에 놀라 가슴이 뜨끔했다.**

79 꼬리에 꼬리를 물다

#외할머니는_휴대폰_중독? #손녀의_잔소리

외할머니 2

루아
할머니 뭐해?

외할머니
휴대폰으로 이것저것 보고 있어.

루아
또 유튜브 보는구나?

외할머니
응. 😊

요리 유튜브도 보고, 여행 유튜브도 보고.

아이고, 벌써 한 시간이나 봤네!

루아
다른 영상을 자꾸 추천해 줘서 그런가 봐.

외할머니
응. 꼬리에 꼬리를 물고 자꾸 보게 돼.

루아
요즘은 할머니 할아버지들도
유튜브 영상 많이 보더라.

 외할머니
맞아.

다들 어디를 가든 휴대폰만 봐.

루아
할머니 눈 나빠져. 조금만 해!

 외할머니
우리 손녀 말 들어야겠네. 😊

쉿! 루아의 마음 일기

요즘 외할머니는 휴대폰에 푹 빠지셨다. 뭐가 그렇게 재미있느냐고 물은 적이 있었는데, 유튜브로 볼 게 많다고 하셨다. 어디를 가나 유튜브가 난리인 것 같다. 아이도, 어른도, 노인도 모두 유튜브 동영상을 보거나 직접 영상을 찍어 올린다. 어쩌다 보니 나도 유튜브를 하고 있네? 할머니에게 '길냥이 구조단'도 알려 드려야지.

 똑똑 관용어

꼬리는 동물의 꽁무니나 어떤 무리의 끝을 말해요. 서로의 끝을 붙들어 긴 행렬을 만들 듯, '꼬리에 꼬리를 물다'는 어떤 일이나 생각이 끊이지 않고 자꾸 이어진다는 의미예요.

▪ 수업이 끝나자마자 질문이 **꼬리에 꼬리를 물고** 쏟아졌다.
▪ 한 번 든 걱정은 **꼬리에 꼬리를 물고** 이어졌다.

80 눈을 의심하다

#믿을_수_없는_일 #파이팅_초코_언니

민준, 건오 3

 민준
우리 동영상 조회 수 100회 넘었어!

루아
뭐? 거짓말!

 건오
진짜야!

나도 보고 **눈을 의심했다니까.**

루아
왜 갑자기 인기가 많아졌지?

 건오
우리의 진심이 통한 거지.

댓글에 이루아 팬들도 생겼어.

루아
헉! 내 팬이라고?

 민준
너보고 초코 언니래.

루아
> 잠깐만!

> 지금 무지개 분식 아저씨에게 톡 왔어!

> 분식집 앞에서 초코를 봤대!

민준
> 당장 출동이다!

건오
> 다들 무지개 분식 앞으로 모여!

 루아의 마음 일기

우리 영상이 이렇게 인기가 많아질 줄은 몰랐다. 나는 별명도 생겼다. 초코 언니! 초코 구조를 응원하는 댓글도 많이 달렸다. 유진이랑 예린이 일로 유튜브는 보기도 싫었는데, 내가 유튜브로 유명해진 것이다. 응원도 많이 받았으니 반드시 초코를 구해 내야겠지?

 똑똑 관용어

'눈을 의심하다'는 본 것을 믿지 못하고, 잘못 본 것이 아닌지 이상하게 생각한다는 뜻이에요. 믿기지 않을 만큼 놀란 상황에서 쓰지요.

- 내가 수학 단원 평가 100점을 맞다니, **눈을 의심했다**.
- 한 번도 신지 않은 양말에 구멍이 난 걸 보고 **눈을 의심했다**.

길냥이 구조단, 초코를 구하라!

* 만화 속 틀린 관용어를 찾아보아요.

81 색안경을 쓰다

#노_키즈_존? #어린이는_왜_안_되는데?

♥ 우리 가족 ♥ 4

 로운

 로운
아까 카페에서 찍은 사진이야!

 엄마
루아는 왜 이렇게 인상을 쓰고 있어?

루아
먼저 간 카페가 노 키즈 존이라 화났어! 😈

 아빠
어린이 출입 금지라니, 나도 기분이 상하더라.

 로운
어린이라면 **색안경을 쓰고** 보는 거지.

엄마
어린이는 무조건 시끄럽고
문제를 일으킬 거라고 생각하나 봐.

루아
어린이가 뭘 잘못했는데?
치사해.
나쁜 색안경이야. 😈

쉿! 루아의 마음 일기

얼마 전, 우리 동네에 예쁜 카페가 생겼다. 우리 가족은 외식 후에 디저트를 먹으러 그 카페에 갔다. 그런데 카페 문 앞에 '노 키즈 존'이라고 적혀 있었다. 어린이는 들어갈 수 없다는 것이다! 뭔가 억울한 마음도 들고 화도 났다. 결국 다른 카페에 가긴 했지만, 여전히 구겨진 기분이 펴지지 않는다.

 똑똑 관용어

'색안경'은 렌즈에 색깔이 있는 안경을 말해요. 색 있는 안경을 쓰면, 안경의 색으로만 세상을 보게 되지요. '색안경을 쓰다'는 자기만의 치우친 관점이나 생각으로 어떤 대상을 판단한다는 뜻이에요.

▪ 누구든 색안경을 쓰고 보는 건 좋지 않아.
▪ 나도 모르게 색안경을 쓰고 그 친구를 판단했어.

82 비행기를 태우다

#인기_유튜버 #당연한_일을_했을_뿐

★ 4-1 친구들 ★ 👤 11

준수
길냥이 구조단 다음 영상 언제 올라와?

현호
초코 어떻게 됐는지 너무 궁금해!
건강해졌지?

수빈
나도 새 영상 기다리는 중!
너희 진짜 멋져! 👍

민준
뭐야, **비행기 태우지** 마.
그리고 초코는 지금 치료받고 있어.

루아
맞아. 당연한 일을 한 거야.
부끄럽네. 😣

건오
왜? 나는 기분 좋은데?
비행기 더 타고 싶어!

유진
너희 진짜 대단해. 항상 응원해.

민준
유진이가 홍보해 줘서 초코 찾는 데 도움이 많이 되었어.

건오
맞아. 편집하는 법도 알려 주고!

유진
나까지 **비행기 태우지** 마.

루아의 마음 일기

민준이한테 들었는데, 유진이가 뒤에서 우리를 많이 도와주었다고 한다. 유진이는 지금 나를 미워하는 거 아니었나? 유진이의 마음이 궁금하다. 유진이한테 고맙다는 말을 하고 싶은데, 어떻게 말을 꺼내야 할지 모르겠다. 우린 지금 싸운 상태이기 때문이다. 친구한테 먼저 말을 거는 게 이렇게 어려운 일이었다니. 으으. 어색하다, 어색해!

똑똑 관용어

비행기를 타면 하늘 높이 날 수 있지요. 그래서 '비행기를 태우다'는 남을 지나치게 칭찬하거나 높이 추어올려 준다는 뜻이에요.

▪ 친구들이 나를 **비행기 태우며** 추켜세웠다.
▪ 선생님은 내가 조금만 잘해도 **비행기를 태우며** 칭찬했다.

83 물과 기름

#안_맞아도_너무_안_맞아! #잘못된_사랑

수빈 2

수빈
송건오 정말 짜증 나.

루아
왜?
요즘은 학급 일 잘 도와주지 않아?

수빈
도와주긴 하는데
자꾸 이래라저래라 잔소리해.

루아
그건 좀 별로긴 하지.

수빈
걔랑 나랑은 **물과 기름**이야.

루아
아, 절대로 섞일 수 없는 사이구나?

수빈
어쩌다 걔는 반 회장이 되고
난 부회장이 되었지? 😫

루아
> 그러게! 내가 선거에 나갔으면
> 내가 반 회장이 되었을 텐데! 😤

수빈
> 루아 너랑 했으면 정말 재미있었을 거야.

루아
> 내가 건오한테 또 뭐라고 할게. 있어 봐.

수빈
> 응. 내가 했다고는 하지 말고!

루아의 마음 일기

건오는 잔소리 대마왕이다. 사실 좋아하는 아이한테 더 그러는데, 수빈이는 그런 건오를 잘 모른다. 어쨌든 건오에게 그건 잘못된 사랑법이라고 말해 줘야겠다. 건오가 이해할지는 모르겠지만 말이다. 나랑 건오도 어떤 면에서는 물과 기름 같다. 말이 안 통한다!

 똑똑 관용어

물과 기름은 한 그릇에 담아 섞으려 해도 절대 섞이지 않아요. '물과 기름'은 이처럼 서로 어울리지 못하여 겉도는 사이를 이르는 말이에요.

- 우리는 처음에 **물과 기름**처럼 어울리지 못했지만, 금세 친구가 되었다.
- 나와 오빠의 사이는 **물과 기름** 같아서 친해질 수 없다.

84 다리 뻗고 자다

#축하해_이모! #어른도_시험을_본다

이모 2

이모
나 제과 제빵사 자격증 붙었다!

루아
우아! 축하해, 이모! 😘
이모가 만든 빵이랑 쿠키 진짜 맛있어!

이모
다 루아가 응원해 준 덕분이야. 🙂

루아
맞아. 내 덕분이야! 😉

이모
시험도 붙었으니 이제 **다리 뻗고 잘** 수 있겠다.
그동안 은근히 스트레스받았거든.

루아
이제 걱정 없이 **다리 뻗고 자**!
그런데 어른이 되면
시험 같은 건 안 볼 줄 알았는데
아닌가 봐.

이모
그럼. 어른도 시험 보지.
그래서 어른도 계속 배우고 공부해야 돼.

루아
어른도 힘들구나.
나 어른 될 일이 걱정되기 시작했어.

이모
루아는 어른 되어서도 잘할 수 있어. 😊

쉿! 루아의 마음 일기

드디어 이모가 제과 제빵사 자격을 따셨다. 나는 이모가 붙을 줄 알았다. 당분간 이모는 빵집에서 일하며 경험도 쌓고, 돈도 모을 거라고 하셨다. 커피 만드는 법도 배울 거라고 하셨다. 이모가 얼른 가게를 열면 좋겠다. 그럼 내가 첫 번째 단골이 돼야지!

똑똑 관용어

침대 위에 편한 자세로 누워 보세요. 아무래도 팔과 다리를 쭉 뻗은 대(大) 자 자세가 가장 편하겠지요? '다리 뻗고 자다' 또는 '다리 펴고 자다'는 고민이나 어려움이 해결되어서 마음 놓고 편하게 잔다는 뜻이에요.

▪ 대회가 끝나고서야 **다리 뻗고 잘** 수 있었다.
▪ 드디어 그 수학 문제를 풀었으니, **다리 뻗고 잘** 수 있겠다.

85 바가지를 쓰다

#초코의_근황 #고마운_수의사_선생님

민준 2

민준
오늘 동물 병원 갈 거지?

루아
초코 보러?

민준
응. 거기 수의사 선생님 정말 좋아.
병원비 말이야.
우리가 어린이라서 **바가지를 쓰면** 어떡하나 걱정했는데,
무료로 진료해 줘서 감동이었어.

루아
우리 봄이 다니는 병원이라
수의사 선생님 좋은 건 알고 있었지.
어쨌든 이따 동물 병원에서 보자! 😊

민준
그래! 이따 봐.
건오는 학원 때문에 못 온대.

루아
> 어휴, 잘됐다.
> 건오 요즘 유튜브에 너무 빠졌어.
> 아마 병원에서도 영상 찍자고 할 거야.

 민준
> 오늘은 영상 찍지 말고, 초코만 보자.

쉿! 루아의 마음 일기

　우리는 초코를 구해서 곧장 동물 병원으로 데려갔다. 평소 봄이가 다니는 동물 병원이었다. 수의사 선생님이 좋은 분이란 걸 알고 있어서 아주 든든했다. 병원비를 걱정했는데, 수의사 선생님이 초코의 사정을 들으시더니 무료로 치료해 주겠다고 하셨다. 선생님, 감사합니다! 이제 초코가 건강해질 일만 남았다.

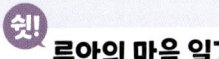 **똑똑 관용어**

'바가지'에는 물을 뜨거나 물건을 담는 그릇이라는 뜻뿐만 아니라 요금이나 물건값이 실제 가격보다 훨씬 더 비싸다는 뜻도 있어요. 그래서 '바가지를 쓰다'는 요금이나 물건값을 실제 가격보다 비싸게 치러서 손해를 본다는 뜻이에요. 혹은 어떤 일에 대한 부당한 책임을 지게 된 억울한 상황에서 쓰지요.

▪ 우리는 뒤늦게 그 식당에서 **바가지를 썼다**는 사실을 깨달았다.
▪ 잘못은 동생이 했는데 내가 억울하게 **바가지를 썼다**.

86 무릎을 치다

#오늘_내_마음은_왠지 #바로_그거야!

아빠 👤 2

루아
아빠 오늘 또 야근해?

아빠
아니! 오늘은 일찍 들어갈 거야.
우리 딸, 치킨 사 갈까?

루아
그거보다…… 내가 더 원하는 게 있어.

아빠
뭔데?
아, 그럼 오늘은 치킨 말고 피자?

루아
그것도 아니야.
시원한 데 가서 바람 쐬고 싶기도 하고…….

아빠
알겠다!
주말에 캠핑 가고 싶구나!

루아
> 바로 그거야! 나 지금 무릎을 탁 쳤어.

아빠

> 그래 캠핑 가자. 🙂

루아
> 라면도 많이 가져 가자.

아빠

> 알겠어. 이번 주 토요일에 떠나자!

쉿! 루아의 마음 일기 △ ◐ 🔖 🔒 👤

나는 요즘 유튜브 영상을 찍느라 바빴다. 여전히 풀리지 않은 유진이와 예린이 사이 때문에 마음도 복잡했다. 신나게 놀고 싶은 마음은 있는데, 나도 내가 정확히 뭘 하고 싶은 건지 몰라 우울했다. 그런데 그게 캠핑이었다! 아빠가 나도 모르는 내 마음을 읽었나 보다.

 똑똑 관용어

'무릎을 치다'는 갑자기 어떤 놀라운 사실을 알게 되었거나 희미한 기억이 되살아날 때, 또는 매우 기쁠 때 무릎을 탁 치는 행위를 말해요.

▪ 과학자가 새로운 원리를 발견하고 **무릎을 탁 쳤다**.
▪ 할머니는 내 말을 듣고는 아주 좋은 생각이라며 **무릎을 쳤다**.

87 뿌리를 뽑다

#누가_쓰레기를_버렸어? #범인을_찾습니다

★ 4-1 친구들 ★ 11

수빈
1분단 뒤에 자꾸 쓰레기 버리는 사람 누구야?

예린
맞아. 거긴 항상 더러워.

건오
범인은 순순히 자백하라!

루아
한 명이 아닐 수도 있어.

수빈
누구인지 몰라도 이번에 아주 **뿌리를 뽑겠어!**

선생님한테도 다 말할 거야.

민준
뿌리를 뽑는다고?

박수빈 무섭네.

재하
나 1분단 맨 뒤에 앉는데,

나는 아니야.

> 루아
> 그러면 누구지?

수빈
> 두고 봐.
> 내 손으로 범인을 잡고 말 거야.

쉿! 루아의 마음 일기

언제부터인가 우리 4학년 1반 교실이 더러워지기 시작했다. 과자 봉지부터 휴지, 구겨진 종이, 스티커 등 쓰레기가 많았다. 나는 쉬는 시간에 민준이 자리로 가다가 누가 교실 바닥에 뱉어 놓은 껌을 밟는 바람에 실내화에 붙은 껌을 떼느라 고생한 적도 있었다. 어쩌면 범인은 한 명이 아니라 우리 반 전부인지도 모른다.

똑똑 관용어

'뿌리'는 식물의 밑동뿐만 아니라, 사물이나 현상을 이루는 밑바탕을 뜻하기도 해요. 그래서 '뿌리를 뽑다'는 어떤 것이 생겨나거나 자랄 수 있는 시작점을 없애 버린다는 뜻이지요.

▪ 그들은 범죄를 **뿌리 뽑는** 데 온힘을 다했다.
▪ 나쁜 버릇이 있다면 빨리 **뿌리 뽑는** 게 좋다.

88 날개가 돋치다

#요즘_인기_메뉴는? #무지개_분식의_특별_손님

로운 2

루아
오빠! 아까 내가 백 번 넘게 불렀는데 왜 도망가?

 로운
언제? 나는 모르는 일이야.

루아
오빠 무지개 분식에서 순대 꼬치 먹는 거 다 봤어!

 로운
쳇! 네가 달라고 할까 봐 그랬다. 왜?

루아
치사하다. 치사해.
순대 꼬치 맛있었겠다.

 로운
무지개 분식 순대 꼬치 **날개 돋친** 듯 팔려서
빨리 안 가면 못 먹어.

루아
맞아. 진짜 빨리 팔려.
나도 한 번도 못 먹어 봤어.

로운
못 먹어 봤다니까 좀 불쌍하네.
좋아, 내가 내일 순대 꼬치 사 줄게!

루아
진짜? 😮
오빠가 사 준다고?

로운
그래. 먹기 싫음 말든가.

쉿! 루아의 마음 일기

　무지개 분식의 순대 꼬치는 인기 메뉴라서 빨리 가지 않으면 못 먹는다. 사실 나는 초코를 구한 일로 무지개 분식 특별 손님이 돼서 주인 아저씨의 순대 꼬치 서비스를 받고 있다. 순대 꼬치를 한 번도 못 먹었다는 말은 거짓말이었다. 오빠한테는 평생 비밀!

 똑똑 관용어

'날개가 돋치다'는 상품이 빠른 속도로 팔려 나간다는 뜻이에요. 그리고 의기가 치솟을 때, 소문 등이 먼 데까지 빨리 퍼져 나가는 상황에서도 쓴답니다. 마치 날개를 달고 하늘을 날 듯 빠르게 팔리거나 퍼진다는 것이지요.

▪ 새로 나온 과자가 **날개 돋친** 듯 팔렸다.
▪ 그 소문은 **날개 돋친** 듯 퍼져 내게까지 닿았다.

89 보는 눈이 있다
90 눈이 높다

#눈_높은_커플 #이제_당당하게_만나자!

시후 2

시후
엄마가 여자 친구 만나도 된대!

루아
헉! 진짜? 😮

시후
우리 엄마가 너 나온 유튜브 봤거든.

루아
길냥이 구조단?

시후
응! 그거 보더니 작은 생명도 아끼는 네가 멋지대.
나보고 사람 **보는 눈 있대**. 물론 칭찬이야!

루아
흠. 내가 좀 멋지지! 😎

시후
나도 내 여자 친구가 좀 멋있다고 대답했어.

루아
눈이 높아서 나를 만난 거지.

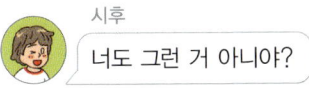

시후
너도 그런 거 아니야?

루아
맞아! 😊

쉿! 루아의 마음 일기

시후네 엄마가 나를 칭찬하셨다니 기분이 좋다. 심지어 다음 주에 시후네 집에 초대까지 받았다. 벌써 조금 긴장된다. 사실 그동안 몰래 만나느라 힘들었다. 하지만 이제 정식으로 허락받은 사이니까 시후랑 더 자주 만나서 신나게 놀아야지!

똑똑 관용어

'보는 눈이 있다'는 사람이나 일 따위를 평가하는 능력이 있을 때, 이를 칭찬하는 말로 쓰여요. 물건의 가치나 사람의 성품 등을 잘 보고 판단한다는 것이지요.

■ 싱싱한 과일로만 잘 골라 온 것을 보니, 너 **보는 눈이 있구나**.
■ 나는 사람 **보는 눈이 있어서** 내가 투표한 후보가 항상 당선됐다.

'눈이 높다'는 보는 수준이 높고, 안목이 있다는 뜻이에요.

■ 내 친구는 **눈이 높아서** 좋은 옷만 입으려 한다.
■ **눈이 높은** 언니의 기준을 맞추기란 매우 어려웠다.

91 발이 넓다

#초코의_가족을_찾습니다 #홍보가_필요해

민준, 건오 👤 3

루아
다음 주에 초코 퇴원해도 된대.

 민준
초코의 새 가족을 찾아야 하지 않을까?

 건오
맞아!

루아
여기저기 홍보해 보자.

 민준
음, 유진이가 **발이 넓으니까** 부탁해 볼까?

루아
채유진?
유진이가 아는 사람이 많긴 하지.

 건오
우리 유튜브랑 유진이 유튜브 계정에 글을 올리자.

 민준
또 **발 넓은** 사람 없나?

루아
> 글쎄, 주변에서 찾아볼게.

 건오
우리 중에 입양할 사람은 없는 거지?
내가 입양하고 싶은데,
우리 아빠가 알레르기가 있어서……. 😭

루아의 마음 일기

초코는 수의사 선생님의 치료를 받고 건강해졌다. 이제 새 가족을 찾아 주려 한다. 길거리에서 혼자 지내면 또 다치거나 굶주릴 수 있기 때문이다. 우리 집은 이미 봄이가 있고, 건오와 민준이는 고양이를 키울 수 없다고 했다. 초코에게 좋은 가족이 생겼으면 좋겠다.

똑똑 관용어

누군가를 만나고 관계를 맺으려면 여기저기 걸어 다니며 사람을 만나야겠지요? '발이 넓다'는 사귀어 아는 사람이 많아 활동하는 범위가 넓다는 뜻이에요.

▪ 그는 **발이 넓어** 동네에서 모르는 사람이 없다.
▪ 아는 사람이 많고 **발이 넓은** 사람을 마당발이라고도 한다.

92 한 치 앞을 못 보다

🔍 #내가_어리석었어 #아이스크림은_못_참지

♥ 우리 가족 ♥ 👤 4

엄마
루아야, 약 먹었어?

루아
응. 약 먹었는데도 배 계속 아파.

로운
내가 이루아 감시 중이야.

루아
나 장염이거든?
감시가 아니라 간호를 해야지!

로운
아까 아이스크림 몰래 먹는 거 다 봤어!

엄마
루아야, 찬 거 먹으면 안 돼!

루아
한 치 앞을 못 보고 먹어 버렸어. 😭

아빠
아이고, 찬 거 먹으면 배 아플 텐데.

루아
생각을 깊게 못 했어.

로운
이제부터 이루아는 내가 간호한다!

루아
쳇, 감시한다며!

엄마
오늘 엄마가 일찍 들어갈게.

루아의 마음 일기

어제부터 배가 아팠다. 설사도 하고 기운이 없었다. 병원에 갔더니 '장염'이라고 했다. 아빠가 죽도 끓여 주셨는데, 맛이 하나도 없었다. 결국 나도 모르게 아이스크림을 먹고 말았다. 먹자마자 바로 화장실로 뛰어가야 했다. 으으. 이로운의 감시를 받아들이기로 했다.

똑똑 관용어

'치'는 길이를 재는 단위로, 한 치는 한 자의 10분의 1에 해당해요. 약 3센티미터이지요. '한 치 앞을 못 보다'는 생각이 짧아서 어리석은 행동을 한다는 뜻이에요. 시력이 좋지 않아 가까이 있는 것을 보지 못할 때도 사용해요.

■ 한겨울에 슬리퍼를 신고 나간 건 **한 치 앞을 못 본** 행동이었다.
■ 안경을 벗으니 **한 치 앞도 못 보겠더라**.

93. 다리를 놓다

#뜻밖의_톡톡 #너도_내_팬이라고?

예지 2

예지: 루아 언니 안녕하세요! 🙂

루아: 예지? 예린이 동생?

예지: 네! 저 언니 완전 팬이에요!
초코 언니 팬! ❤️

루아: 내 유튜브 봤구나? 고마워! 😊

예지: 언니랑 친해지고 싶어요. 진짜 진짜요. 🙂
우리 언니한테 **다리를 놓아** 달라고
졸랐는데 대답도 안 해요.

루아: 다리를 놓긴 뭐…….
그냥 이렇게 연락해도 돼!
요즘 나랑 예린이랑 사이가 좀 그래……. 😅

예지
왜요? 우리 언니랑 싸웠어요?

루아
응. 싸웠어. 😭

예지
괜찮아요!
언니 몰래 연락하는 거예요.
다음에 만나면 사인해 줘요!

쉿! 루아의 마음 일기

예린이 동생 예지한테서 갑자기 연락이 왔다. 예지가 내 팬이라니! 예지는 나랑 닮은 점이 많다. 받아쓰기 10점을 맞은 적이 있고, 언니 오빠 껌딱지다. 예지한테 들은 얘긴데, 예린이도 나랑 싸운 뒤로 계속 우울해한다고 했다. 칫. 우예린 신나게 잘 사는 줄 알았는데.

 똑똑 관용어

큰 강이나 호수에는 다리를 놓아 이쪽에서 저쪽으로 건너갈 수 있도록 해요. 그래서 '다리를 놓다'는 일이 잘되게 하기 위해 둘 또는 여럿을 연결한다는 의미로 쓰이지요.

▪ 네가 **다리를 놓은** 덕분에 동아리에 쉽게 들어갈 수 있었어.
▪ 친해지고 싶은 친구가 있는데 **다리 좀 놓아 줘!**

94 뜬구름을 잡다

#더_유명해질_거야　#뜬구름이_보이나요?

건오 2

건오
봤어?
요즘 내 인기 장난 아닌 거?

루아
너 뭐 잘못 먹은 거 아니야?

건오
유튜브 때문에 나 유명해졌잖아.
나 연기 학원 다녀 볼까 봐.

루아
유튜브 구독자 좀 늘었다고 무슨 연기를 해?
뜬구름 잡지 마. 😬

건오
뜬구름이 아니야. 진짜라고!
아니면 댄스 학원을 가서 아이돌로 데뷔할까? 😎

루아
넌 몸치잖아!

건오
일단 소속사 오디션부터 봐야겠어!

이래 봐도 나 유명 유튜버라고! 😎

루아
보나 마나 오디션 탈락이야.

꿈 깨!

쉿! 루아의 마음 일기

건오가 아주 심각한 병에 걸렸다. 뜬구름병! 요즘 부쩍 거울을 보며 폼을 잡더니, 오늘은 갑자기 연예인이 되겠다고 선언했다. 아, 정말 못 봐 주겠다. 나랑 민준이가 '웩' 하는 시늉을 했는데도 건오는 잘난 척을 멈추지 않았다.

똑똑 관용어

'뜬구름'은 하늘에 떠다니는 구름을 뜻해요. 덧없는 세상일을 비유하는 말이기도 하지요. 그래서 '뜬구름을 잡다'는 막연하거나 터무니없는 것을 좇는다는 의미랍니다.

🔖 아빠는 복권을 살 때마다 부자가 될 거라고 **뜬구름 잡는** 소리를 한다.

🔖 동생은 갑자기 천사가 되겠다며 **뜬구름을 잡았다**.

95 이를 악물다

#슬라임이_왜_거기에? #아_깜빡했다!

엄마 2

엄마
이루아!

루아
왜? 나 또 혼내려고 그러지?

엄마
어제 슬라임 가지고 놀다가
잠바 주머니에 넣었지?

루아
슬라임 가지고 놀긴 했는데…….

엄마
그리고 그 잠바 세탁기에 넣었어, 안 넣었어?

루아
넣었…… 헉! 😟

엄마
다른 빨래에도 슬라임이 다 묻었잖아.

루아
몰랐어. 죄송해요. 😭

엄마
엄마가 이를 악물고 다 다시 씻었어.

루아
내가 잘못했어.

 엄마
휴, 다음에는 세탁기에 빨래 넣을 때 꼭 확인해.

루아
네.

쉿! 루아의 마음 일기

어제 민준이랑 슬라임을 가지고 놀았다. 학원 갈 시간이 돼서 급하게 슬라임을 잠바 주머니에 넣고 일어났는데, 집에 돌아와서 잠바를 그대로 세탁기에 넣어 버렸다. 주머니에 슬라임이 들었다는 걸 깜빡한 것이다. 엄마가 빨래를 다시 하긴 했지만, 오빠의 티셔츠는 살리지 못했다. 오빠 미안.

 똑똑 관용어

'이를 악물다'는 힘에 겨운 곤란이나 난관을 헤쳐 나가려고 비상한 결심을 했을 때 써요. 매우 어렵고 힘든 상황을 애써 견디거나 꾹 참으면서 이를 꽉 무는 모양에 비유한 것이지요.

▌ 수학에는 자신 없었지만 이를 악물고 공부한 덕분에 시험 결과가 좋았다.
▌ 엘리베이터가 고장 나서 이를 악물고 계단으로 10층까지 올라갔다.

96 직성이 풀리다

#다람쥐_거야 #도토리_줍기는_그만!

★ 4-1 친구들 ★ 👤 11

 미주

 현호
도토리다!

 미주
어제 뒷산에 가서 주웠어! 엄청 많지?

루아
잠깐만! 나 할 말 있어!
도토리는 다람쥐의 양식이야.
줍는 건 불법이라고!

 수빈
맞아. 산에 사는 짐승들은 도토리를 먹어야 해.

미주
헉. 잘 몰랐어. 😭
내일 다시 산에 가서 뿌리고 올게.

루아
아, 할 말 다 하니까 **직성이 풀린다**!

민준
역시 이루아!

쉿! 루아의 마음 일기

요즘 산에서 도토리를 주워 오는 애들이 많다. 누가 더 많이 줍나 경쟁도 한다. 하지만 뉴스에서 그건 불법이라고 했다. 산에 사는 짐승들이 도토리를 먹어야 하는데, 사람들이 다 주워 가 버려 먹을 것이 없다고. 언젠가 아이들한테 이 얘기를 해 줘야지 생각하고 있었다. 할 말 다 하고 나니 속이 시원하다!

똑똑 관용어

'직성'은 타고난 성질이나 성미를 말해요. '직성이 풀리다'는 자기 성미대로 되어서 마음이 흡족하다는 뜻이에요.

▪ 나는 먹고 싶은 것은 다 먹어야 **직성이 풀려**!
▪ 넌 꼭 그렇게 화를 내야 **직성이 풀리니**?

97 맥이 풀리다

#온_가족이_늦잠_자다! #지각은_안_돼!

♥ 우리 가족 ♥ 👤 4

아빠
오늘 다들 지각했어?

엄마
겨우 시간 맞춰 도착했어!

루아
다행히 선생님보다 빨리 들어왔다.

엄마
어떻게 온 가족이 늦잠을 잘 수가 있지? 😂

로운
교실에 들어와서 자리에 앉자마자 **맥이 풀리더라**.

아빠
아빠도 기운이 쭉 빠지더라고.

루아
나도! 아침부터 달리기해서 그런가 봐.

엄마
다들 오늘 고생했는데,
저녁에 고기 먹을까?

로운
좋아! 그리고 오늘은 일찍 자자.

루아
오빠가 제일 늦게 자거든!

늦게까지 게임하는 거 누가 모를 줄 알고!

로운
쳇! 😒

쉿! 루아의 마음 일기

오늘 우리 가족 모두 늦잠을 잤다. 이런 날은 일 년, 아니 십 년에 한 번 있을까 말까다. 아침에 본 엄마 아빠의 표정을 아직도 잊을 수 없다. 우리는 1분 만에 세수를 하고 이를 닦았다. 다시 생각해 보니 웃기다. 그래도 다행인 건 우리 중 그 누구도 지각을 하지 않았다는 것! 신기하다.

 **똑똑 관용어**

큰일을 겪고 난 뒤 팽팽했던 긴장감이 풀리면 온몸에 힘이 빠져요. '맥이 풀리다'는 이처럼 기운이나 긴장이 풀어진다는 뜻이에요. '맥'은 기운, 또는 힘을 뜻하거든요.

▎ 어려웠던 수행 평가를 끝내고 나니 **맥이 풀렸다**.
▎ 여행이 취소됐다는 소식을 듣고 **맥이 풀려** 버렸다.

98 혀를 내두르다

#최고의_김밥 #할머니의_특별한_레시피

외할머니 2

루아
할머니! 할머니!
김밥 봤어!

외할머니
할머니가 싼 거야.
루아 먹으라고 싸 놓고 갔지. 😊

루아
입에 넣자마자 너무 맛있어서 놀랐어.
할머니 음식 솜씨에 혀를 내둘렀다니까!

외할머니
그 정도였어?

루아
응! 한 줄 금방 다 먹었어!

외할머니
루아가 좋아하는 것만 넣었어.

루아
맞아! 햄이 두 개, 달걀이 두 개나 들었던데?

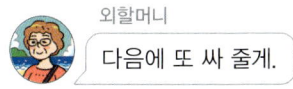

외할머니
다음에 또 싸 줄게.

루아
할머니 김밥은 언제나 환영!
오늘 우울했는데,
할머니 김밥 먹고 기분 좋아졌어!

쉿! 루아의 마음 일기

오늘 학교 복도에서 유진이, 예린이와 마주쳤다. 얼마 전까지 우리는 화내며 서로를 미워했지만, 오늘은 달랐다. 다들 조금 슬퍼 보였다. 그렇게 찝찝한 마음을 안고 집에 왔는데, 할머니가 싸 놓고 간 김밥을 먹는 순간 기분이 확 좋아졌다. 너무 맛있어서 입 안에서 혀가 춤을 추는 것 같았다.

 똑똑 관용어

'내두르다'는 이리저리 휘휘 흔든다는 뜻이에요. 혀를 흔든다면 말을 제대로 할 수 없겠지요? '혀를 내두르다'는 크게 놀라거나 어이가 없어서 말을 잇지 못하는 상황에서 쓰는 관용어예요.

■ 수련회 장기자랑에서 내 노래 실력을 보고 다들 **혀를 내둘렀다**.
■ 언니의 뛰어난 피아노 연주에 나는 **혀를 내두를** 수밖에 없었다.

99 한술 더 뜨다

#철없는_반_회장 #목소리_큰_애들만_모임

★ 4-1 친구들 ★ 👤 11

수빈
오늘 우리 너무 떠들었어.
선생님 화 많이 났어.

유진
어휴, 그럴 줄 알았어!

준수
내일 혼나겠다.

루아
송건오가 **한술 더 떠서** 뛰어다니기까지 했지.
반 회장이 말이야!

수빈
맞아! 송건오 네가 모범을 보여야지!

건오
한술 더 뜨다니?
나는 애들 조용히 시킨 거야.

재하
그건 아니라고 본다. 나랑 게임 이야기 했잖아.

루아
> 우리 반이 좀 시끄럽긴 해.
> 3반은 조용한데.

 민준
> 4학년 중에 목소리 큰 애들만
> 여기에 모은 건가.

 미주
> 나는 책만 읽었는데 억울해.

쉿! 루아의 마음 일기

민준이 말 대로 우리 반에는 유독 목소리 큰 아이가 많다. 여자 중에서는 내가 제일 크다. 하지만 나는 오늘 떠들지 않았다. 유진이, 예린이랑 친구였을 때는 수다 떨 일이 많았지만, 요즘은 그렇지 않으니까······. 그런데 내일 같이 혼나야 하다니 억울하다!

 똑똑 관용어

'한술'은 숟가락으로 한 번 뜬 음식을 말해요. '한술 더 뜨다'는 이미 일이 어느 정도 잘못되어 있는데, 거기서 더 나아가 엉뚱한 짓을 한다는 뜻이에요. 남이 생각하고 있는 것을 미리 알고 대처할 계획을 세운다는 뜻도 있답니다.

▪ 방을 어지른 것도 모자라 **한술 더 떠** 거울까지 깨뜨렸다.
▪ 아빠도 잔소리가 심한데, 엄마는 **한술 더 떴다**.

100 변덕이 죽 끓듯 하다

#이랬다저랬다 #네_진심이_궁금해

시후 2

시후
유튜브 더 안 해?

루아
민준이가 한다고 했다가 안 한다고 했다가
변덕이 죽 끓듯 하더라고.

시후
고민되나 보네.

루아
나도 잠시 쉬자고 했어.
동네에 도움이 필요한 동물이 생기면
그때 하려고.

시후
참! 예린이는 유튜브 그만둔 거 같더라.

루아
그래? 몰랐네.

시후
너희 화해는 안 해?

> 루아
> 모르겠어. 😵
> 화가 났다가 화해하고 싶다가,
> 나도 **변덕이 죽 끓듯 해**.

시후
> 지는 게 이기는 거란 말 몰라?
> 먼저 용기 내 봐. 🙂

쉿! 루아의 마음 일기

시후와 톡을 끝내고 마음이 복잡했다. 유튜브 때문이 아니라 유진이랑 예린이 때문이다. 도자기 공방에서 크게 싸운 뒤로 시간이 좀 지났다. 그사이 나는 화가 좀 풀린 것 같다. 하지만 내가 먼저 사과할 생각은 없다. 자존심이 상하기도 하고, 먼저 말을 걸기도 어색하다. 일기를 쓰는 동안 마음이 더 복잡해졌다.

 똑똑 관용어

'변덕'은 이랬다저랬다 태도나 성질이 자꾸 변하는 것을 말해요. 죽은 열을 가하면 금방 끓어오르는 음식이고요. '변덕이 죽 끓듯 하다'는 말이나 행동이 이랬다저랬다 빠르게 변한다는 의미랍니다.

- 좋다고 했다가 싫다고 했다가 **변덕이 죽 끓듯 해**.
- 걔는 **변덕이 죽 끓듯 해서** 원하는 게 뭔지 모르겠어.

# 거짓말처럼 우리는

*만화 속 틀린 관용어를 찾아보아요.